教育部书法教材推荐碑帖范本

全本对照——经典碑帖临写辅导

颜真卿多宝塔碑

程峰 编著

上海书画出版社

图书在版编目(CIP)数据
颜真卿多宝塔碑/程峰编著.--上海:上海书画出版社,2016.8
(全本对照:经典碑帖临写辅导)
ISBN 978-7-5479-1253-9
Ⅰ.①颜… Ⅱ.①程… Ⅲ.①毛笔字-楷书-中小学-法帖 Ⅳ.①G634.955.3
中国版本图书馆CIP数据核字(2016)第150539号

颜真卿多宝塔碑

全本对照——经典碑帖临写辅导

程峰　编著

责任编辑　张恒烟　李剑锋
责任校对　朱　慧
封面设计　王　峥
技术编辑　包赛明

出版发行　上海世纪出版集团　上海书画出版社
地址　上海市延安西路593号　200050
网址　www.ewen.co
www.shshuhua.com
E-mail　shcpph@163.com
制版　上海文高文化发展有限公司
印刷　上海画中画包装印刷有限公司
经销　各地新华书店
开本　889×1194　1/16
印张　5.5
版次　2016年8月第1版　2020年4月第2次印刷

书号　ISBN 978-7-5479-1253-9
定价　35.00元

目录 Contents

总纲

书法是中国的国粹，是世界艺术的瑰宝之一，历来深受人们的喜爱。在中国古代，用毛笔书写以实用为主，经过一代代书法家们对美的追求和探索，薪火传承，不断创造，书写升华为一门博大精深的书法艺术。

书法的技法内容很多，其中最核心的内容当数“笔法”。初学“笔法”，主要要求掌握“执笔法”和“用笔法”。

一、执笔法

在实践中被人们广泛接受的执笔方法，是由沈尹默先生诠释的“执笔五字法”。即用“擫”、“押”、“勾”、“格”、“抵”五个字来说明五个手指在执笔中的作用。（见图）

擫：是指大拇指由内向外顶住笔杆，就像吹箫时按住后面的箫孔一样。

押：是指食指由外向内贴住笔杆，和拇指相配合，基本固定住笔杆。

勾：是指中指由外向内勾住笔杆，加强食指的力量。

格：是指无名指爪肉处从右下向左上顶住笔杆。

抵：是指小指紧贴无名指，以增加无名指的力量。

如上所述，五个手指各司其职，将圆柱体的笔杆牢牢地控制在手中，各个手指的力从四面八方汇向圆心，执笔自然坚实稳定，便于挥运。

执笔的要领是指实掌虚，腕平掌竖。这里特别要提醒的是，随着书写姿式（如坐姿和立姿）的变化，手腕的角度和大拇指的角度应该作相应的调整。

二、用笔法

用笔，又叫运笔，是“笔法”中最为重要的核心内容，它直接影响到书写的质量。

（一）中锋、侧锋、偏锋

一般来说，在书写中笔尖的位置有三种状态，即“中锋”、“侧锋”、“偏锋”。

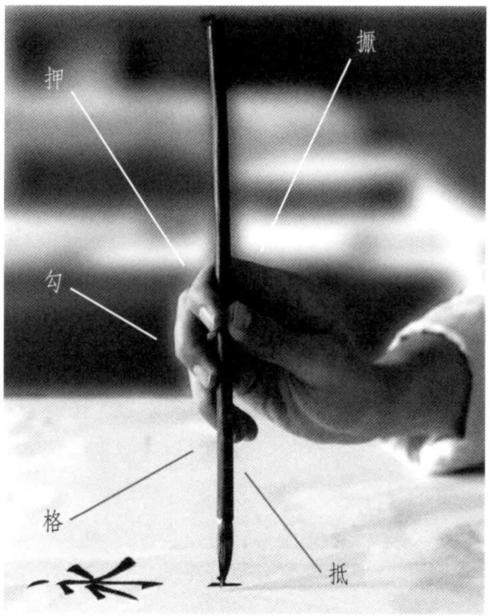

执笔示意

“中锋”：主锋的方向和运动的方向相反，呈 180 度，令笔心在笔画的中线上行走，而笔身要保持挺立之状。

“侧锋”：起笔时逆势切入，运笔时笔毫斜铺，笔尖方向和运动方向处于 90 度到 180 度之间，呈夹角，而收笔结束时回复到中锋状态。

“偏锋”：笔尖的方向和运动的方向成直角（90 度）。

用中锋和侧锋写出的线条具有立体感和感染力。用偏锋写出的线条扁平浮薄、墨不入纸，是病态的，应该绝对摒弃。古人总结出用笔的规律，提倡“中侧并用”，就是这个道理。

（二）起笔、运笔和收笔

每一个点画都包含起、运、收三部分。所以掌握正确的起笔、运笔、收笔方法十分重要。

1. 起笔

起笔又叫发笔、下笔，它的基本形状无非方、圆、藏、露四种。起笔的基本方法有三种，即“尖头起笔”、“方头起笔”、“圆头起笔”。

尖头起笔（露锋）

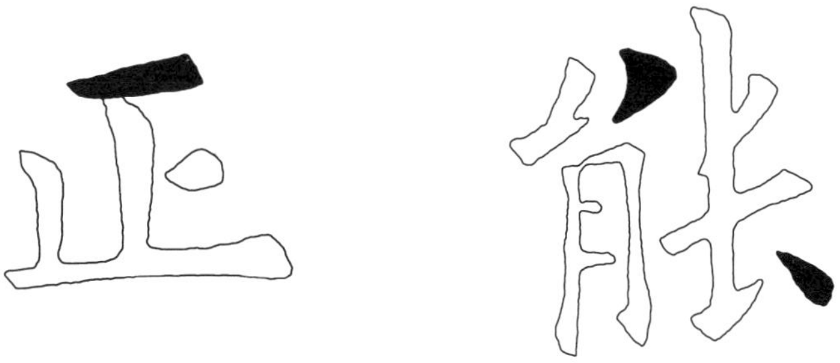

方头起笔（露锋、藏锋皆可）

圆头起笔（藏锋）

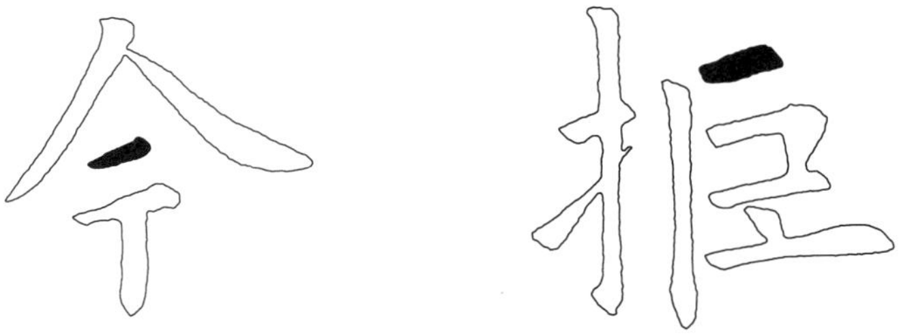

2. 运笔

运笔部分即笔画的中截，又称“中间走笔”。

运笔的第一个要求是始终保持中锋或侧锋。要做到这点就离不开调锋。调锋的目的，就是使笔尖调整到中锋或侧锋的位置。

调锋的手段有三种：

一是提按动作，通过上下垂直的运动使笔尖达到理想的位置。

二是衄挫动作，通过平面的挫动，使笔尖达到理想的位置。

三是兜圈动作，通过顺时针或逆时针方向的转动，使笔尖达到理想的位置。

运笔的第二个要求是涩行。笔锋和纸面相抵产生一种相争、对抗，即在运笔的过程中要有摩擦力，古人生动地比喻为“逆水行舟”和“中流荡桨”，这样写出的笔画才浑厚凝重。切忌平拖滑行。

3. 收笔

笔画结束，一定要回锋收笔，如遇出锋的笔画，如钩、撇、捺等，也要有收的意识，即“空收”。古人说“无垂不缩，无往不收”，言简意赅地阐明了收笔的重要性。收笔回锋有两个作用：一是使笔尖由弯曲还原成直立，使点画起讫分明；二是不论藏锋还是露锋，收笔必须过渡到下一笔画的起笔。

第一讲
基本笔画及变化——横竖撇捺

一、横

“永字八法”中称“横”为“勒”，如勒马用缰。晋卫夫人《笔阵图》曰：“横如千里阵云。”起笔要注意是方笔或圆笔，运笔做到中锋逆势、圆润劲挺，收笔做到饱满而不做作。

颜真卿《多宝塔碑》的横画最常见的变化有：长横、短横、左尖横、右尖横等。

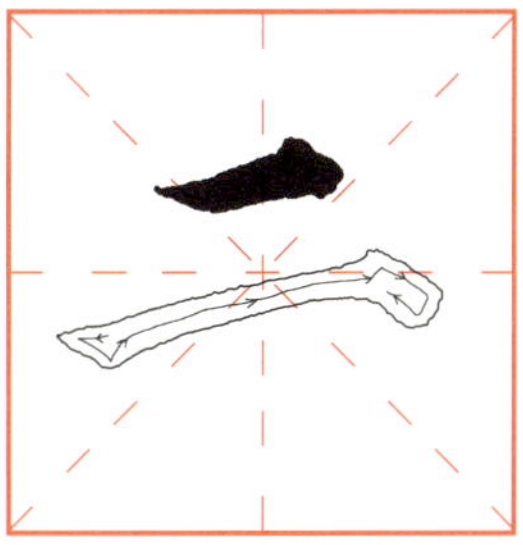

基本写法

起笔：逆锋起笔，右下作顿；
运笔：调整中锋，往右横出；
收笔：提笔上昂，下顿回收。

小提示

❶ 楷书横画不是水平的，略有左低右高之势；
❷ 横画要注意“长短”、“粗细”、“弯度”、“斜度”等方面变化，临写时要注意观察；
❸ 左尖横的起笔、右尖横的收笔，并非虚尖。

二、竖

“永字八法”中称“竖”为“努”。卫夫人《笔阵图》曰：“竖如万岁枯藤。”作竖法妙在直中求曲，曲中求直，如力士之挺举千斤之物，凸胸含腰，有曲线之美。

颜真卿《多宝塔碑》的竖画最常见的有：垂露竖、悬针竖、短中竖、上细竖。

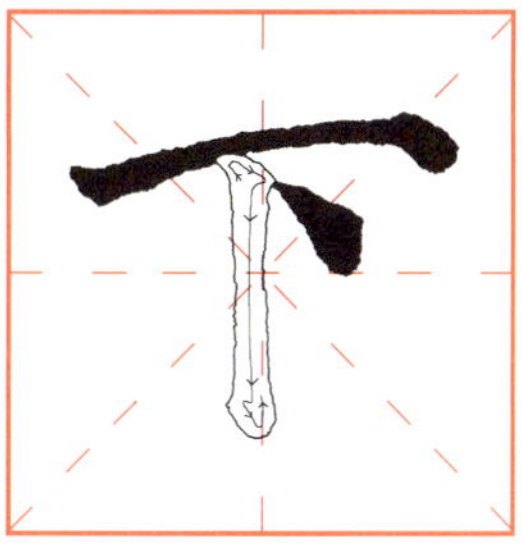

基本写法

起笔：逆锋起笔，右下作顿；
运笔：调整中锋，往下作竖；
收笔：提笔上回，下顿收笔；（垂露）
收笔：渐提渐收，力送笔尖。（悬针）

小提示

❶ 竖画多“直中见曲”，以显示弹性与力度；
❷ 两个竖画组合可以相向或相背，三个竖画以上者，中间多为垂露竖，左右则可相向或相背；
❸ 垂露竖收笔圆劲饱满，但要自然；悬针竖收笔尖而有力，避免虚尖。

三、撇

“永字八法”中称“短撇”为“啄”，长撇为“掠”。卫夫人《笔阵图》曰：“撇如陆断犀象。”写撇时应爽快干脆，出锋切忌虚尖。长撇要婉转舒畅，遒劲有力；短撇力聚锋尖，尖锐饱满。

基本写法

起笔：逆锋起笔，右下作顿；
运笔：调整中锋，左下力行；
收笔：渐提渐收，力送笔尖。

小提示

1. 撇在字中有时充当主笔作支撑作用；
2. 撇在于长短、粗细、方向、起收笔等方面变化；
3. 单字中若遇多个撇画，须有参次变化，避免雷同。

四、捺

“永字八法”中称“捺”为“磔”。卫夫人《笔阵图》曰：“捺如崩浪雷奔。”写捺画时，逆锋起笔，调锋后再朝右下行笔，并由细渐粗，笔毫逐步铺开，至捺角处驻锋顿笔，捺出时挫动笔锋，边走边调，边调边提，调整中锋后迅速出锋，并作空收。

颜真卿《多宝塔碑》的捺常见的有：斜捺、侧捺、平捺、反捺。

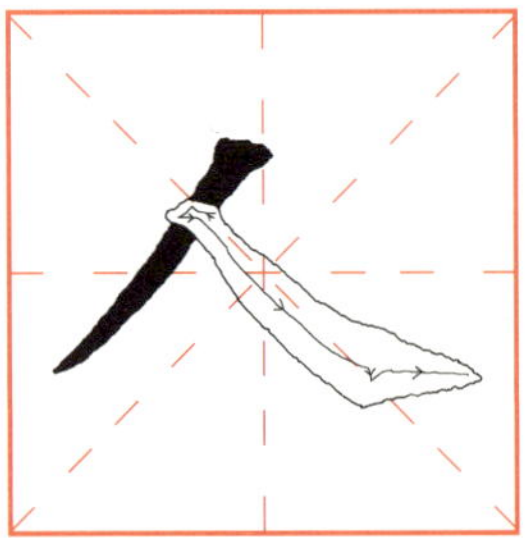

基本写法

起笔：逆锋起笔，左下作顿；
运笔：转笔缓行，由细渐粗；
收笔：下顿右捺，渐提渐收。

小提示

1. 捺往往是一字中的主笔，要写得较粗壮、饱满、有力，一波而三折；
2. 斜捺往往与左撇配合呼应，平捺称之为“横波”，如水波之起伏；
3. 凡一字有两捺者，通常其中一个捺用反捺。

五、拓展：正直　有信　平等　天真

临习要点

左边的4组两字词，我们可以尝试临摹与创作。

临习时，我们注意要灵活应用所学到的知识。如这些字中有许多横，哪些是短横、长横、左尖横？“正直”、“有信”、“平等”、“天真”八个字都有长横，有哪些变化？“等”一个字有两个长横，怎样处理？又如竖的位置在字的左、中、右，是否有变化规律可循？“天真”两字是怎样做到撇捺（“真”字为反捺）协调、左右对称呼应的？

创作提示

尝试创作时，要将两个字的关系处理好。如“正直”两字不能写得太呆板；“平等”两字繁简对比大，要注意整体协调。以下幅式仅供参考。

幅式参考

扇面

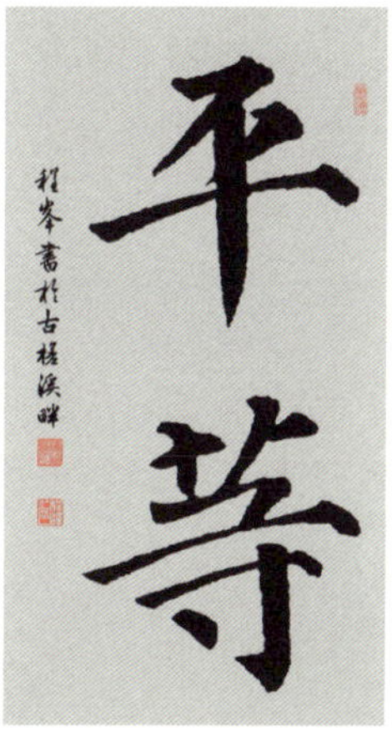

条幅

第二讲

基本笔画及变化——折钩提点

一、折

“永字八法”中无折法，但实际习用甚繁并极其重要。卫夫人《笔阵图》曰：“折如劲弩筋节。”初学颜体楷书折法，可先以横折为例，其用笔要纵横相联，横细竖粗，吻合紧密，转角自然。

颜真卿《多宝塔碑》的横折常见的有：高横折、扁横折。其他折有：竖折、撇折等。

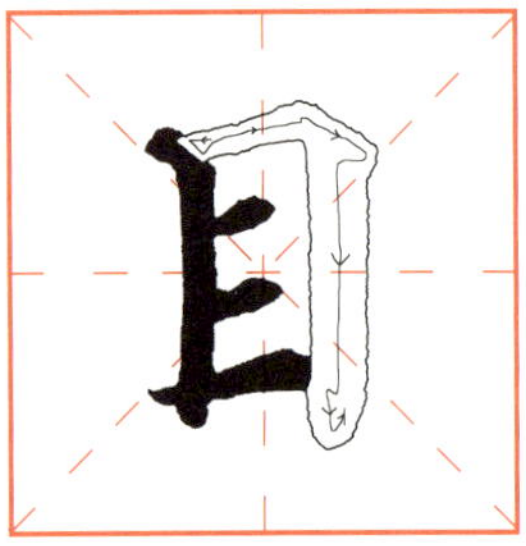

基本写法

起笔：逆锋起笔，往下作顿；
运笔：调整中锋，往右横出；
转折：提笔上昂，右下作顿；
运笔：调整中锋，往下作竖；
收笔：提笔上昂，下顿收笔。

小提示

1. 颜体横折，横细折粗；
2. 高横折的折画须直，扁横折的折画往里斜，相应的左竖与之呼应。

二、钩

“永字八法”中称“钩”为“趯”。卫夫人《笔阵图》曰：“钩如百钧弩发。”作钩时应充分利用笔毫斜铺，蹲锋得势而出，要力聚锋尖，贵在尖锐饱满，切忌虚尖浮露，力量速度要恰到好处。

颜真卿《多宝塔碑》的钩常见的有：竖钩、弯钩、横钩、竖弯钩、卧钩等。

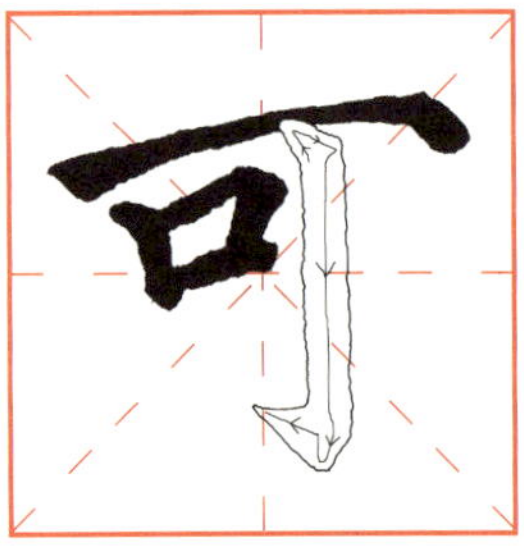

基本写法

起笔：逆锋起笔，右下作顿；
运笔：调整中锋，往下作竖；
转折：提笔作围，转锋作钩；
收笔：速提力收，力送笔尖。

小提示

1. 钩末出锋要尖锐，不能虚尖；
2. 钩的角度、长短、弧度、出钩方向等，都要根据字的不同结构要求和笔势而定。

三、提

“永字八法”中称“提”为“策”，李世民《笔法诀》曰：“策须仰策而收。”策，马鞭，用力在策本，得力在策末。下笔宜直，调锋后右仰上提，借势发力，出锋时于空中作收势，力聚锋尖，尖锐劲利。

颜真卿《多宝塔碑》的提常见的有：平提、斜提、长提、点带提等。

基本写法

起笔：逆锋起笔，右下作顿；

运笔：调整中锋，右上行笔；

收笔：渐提渐收，力送笔尖。

小提示

❶ 提的写法同右尖横，收笔有的较为含蓄，有的尖锐劲利，避免虚尖；

❷ 提常与下一笔意连，有呼应之势。

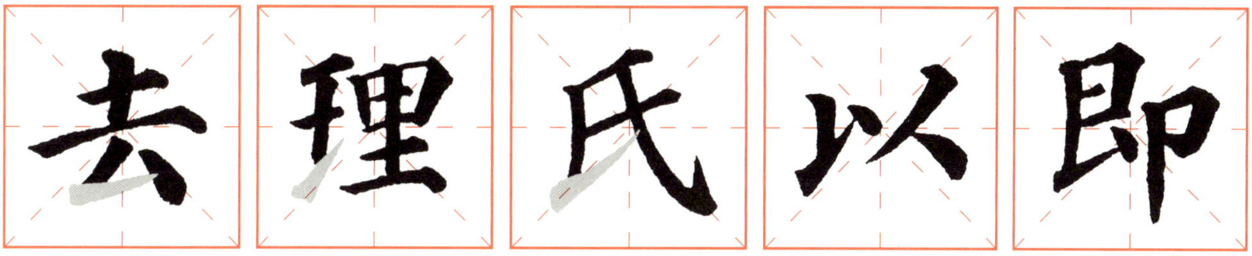

四、点

“永字八法”中称“点”为“侧”，下笔时当顺势落笔，露锋处要尖锐饱满、干净利落，收笔时要收锋在内。卫夫人《笔阵图》曰：“点如高锋坠石。”

颜真卿《多宝塔碑》的点常见的有：方点、圆点、竖点、左点、反点、提点等。

基本写法

起笔：侧锋峻落；

运笔：顿笔下按；

收笔：势足收锋。

小提示

❶ 点虽小，但变化最多，一切变化都须服从于字的结构和势的需要；

❷ 点单独用较少，组合应用非常丰富，如左右点、相对点、横三点、横四点、合三点、聚四点等等。

五、拓展：至情　妙悟　知音　静思

临习要点

“折”在字中要有方有圆，如“情”、“悟”、“音”、“静”、“思”。“点”是楷书笔画中最小的，同时也是变化最丰富的，如：“知”的点为圆点，“至”的点为方点，“音”上点为竖点；左右点要将两点写得有变化，并做到顾盼、呼应，如“情”、“妙”、“悟”、“音”等字。

创作提示

楷书作品的书写要做到“三好”，即“笔画好”、“结构好”、“章法好”。而对于两个字的作品来说，笔画好是关键因素，所以要狠下苦功，苦练用笔，才能写时做到笔笔到位，写出《多宝塔碑》“雄强劲健”的特点。

幅式参考

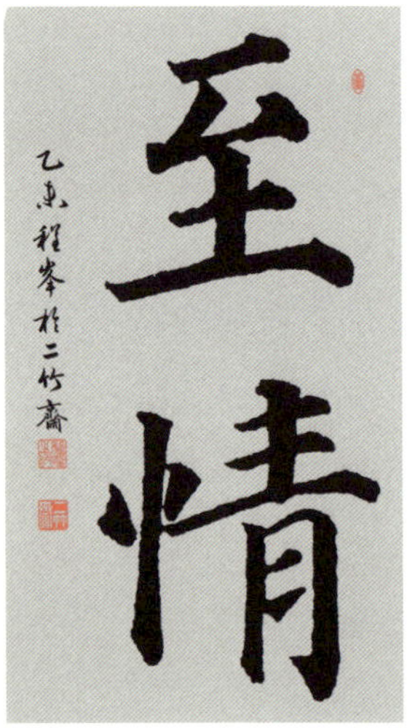

条幅

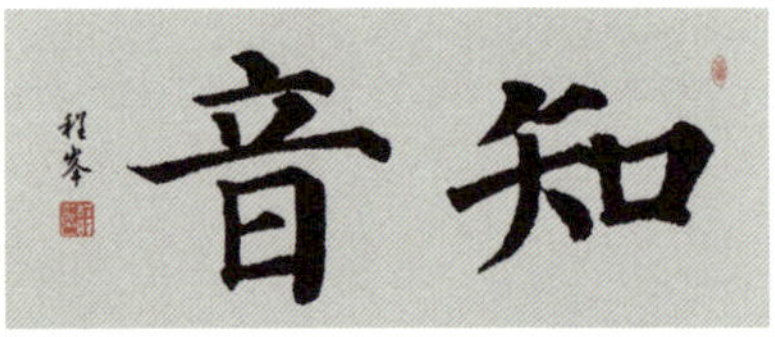

横幅

第三讲

部首——左旁与右旁

部首形态各异，是构成汉字合体字的重要部件。练好部首是掌握间架结构的基础。

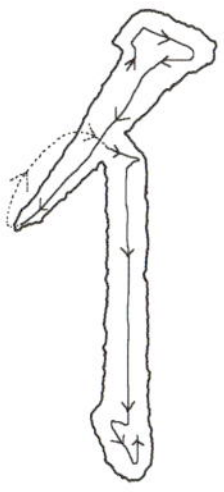

一、单人旁与双人旁

单人旁与双人旁都是由短撇和竖画所组成的，作为左旁所占的位置较为窄小，安排上以“左紧右松”为主，起到避让右边部件的作用，同时下竖的“长短”、“曲直”要根据具体情况有所变化。

单人旁：撇竖组合姿态多，长短根据字需要。

双人旁：两撇起笔一直线，长短斜度有变化。

二、竖心旁与提手旁

竖心旁的笔顺为“左点、右点、竖”，左右点之间要有变化、讲求呼应，竖要稍长，直中见曲势；提手旁竖钩的竖笔稍长，略带弧势，《多宝塔碑》中右弧、左弧都有，以右弧为主，竖笔不能竖在“横画”、“挑画”的中间，应偏右，使得提手旁有让右之势。

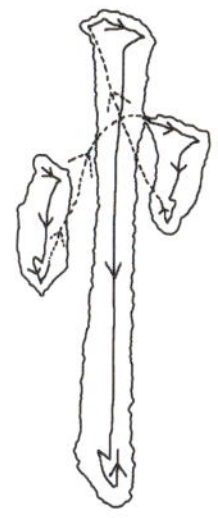

竖心旁：竖点斜点加长竖，两点靠竖须呼应；

提手旁：短横厚重竖挺拔，钩挑有力不虚浮。

三、提土旁与王字旁

王字旁与提土旁写法相近，只是王字旁上面多了一横。两者都是底横化“横”为“提”，都要表现出与右部的穿插借让关系，下面的“提”都要与右部第一笔形成笔势连贯。

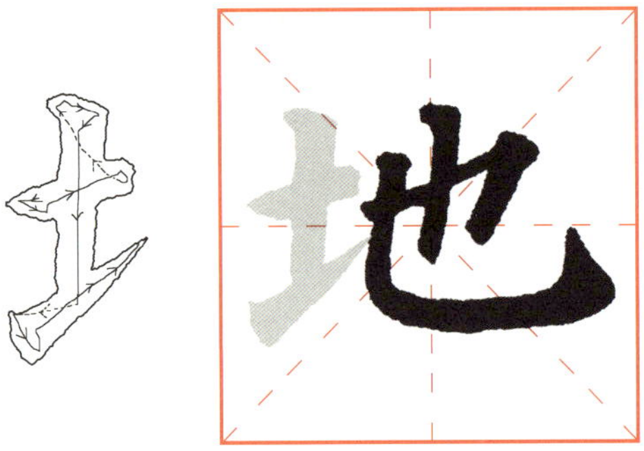

提土旁：土字下横变提笔，提与下笔意相连。
王字旁：偏旁不要写太宽，两横一提求匀称。

四、木字旁与禾木旁

木字旁与禾木旁写法相近，只是禾木旁的上面多了一个平撇。两者都不能将“横竖撇点”四笔交于一点，横画都不宜写得太短，要左伸右缩，体现让右关系。

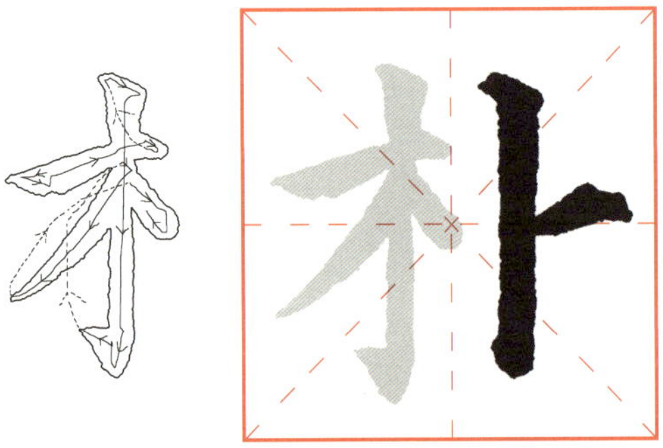

木字旁：首笔横画向左伸，斜点忌写交叉处。
禾木旁：短撇应该写得平，让右关系把握好。

五、三点水与日字旁

三点水要写出三点不同的姿态，有承接呼应之势，呈散射弧形排列，提点注意角度，要与右部首笔的起笔笔意相连；日字旁不宜写得太宽，左竖、右折写得较直且略有高低，横细竖粗，底横写成提，并与右部首笔的起笔笔意相连。

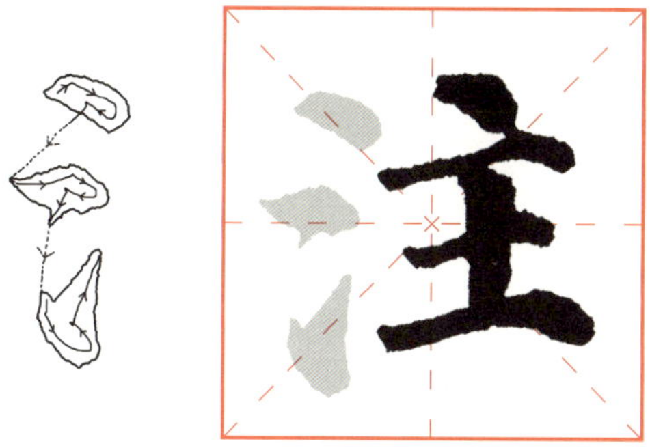

三点水：三点笔姿各不同，提点应与后笔连。

日字旁：形状宜瘦不宜胖，右脚伸长底横提。

六、示字旁与言字旁

示字旁的首点写成“横点”，横点偏右，折撇紧密宜直，竖画长短根据字结构需要；言字旁的首点写成“侧点”，侧点偏右，首横稍长，左伸右缩，横向笔画分布均匀。

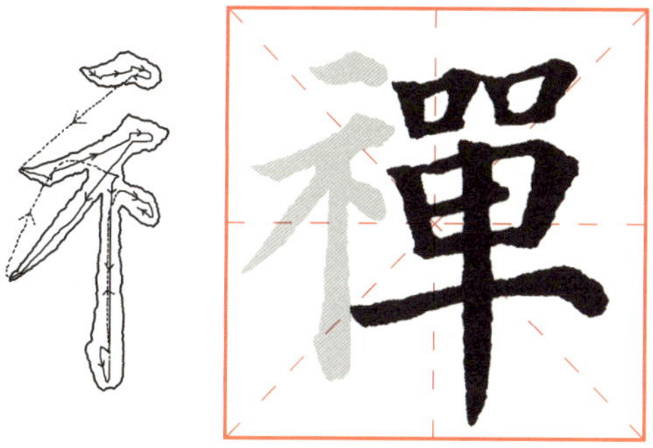

示字旁：折撇不要弧太大，末点须藏腰眼里。

言字旁：右侧齐平重心稳，粗细变化间隔匀。

七、绞丝旁与女字旁

绞丝旁的两组撇折要注意变化，三点稍散开，朝右上方匀称排列，并控制好重心；女字旁的横画变“提”，撇、点交叉与起笔位于同一直线上。

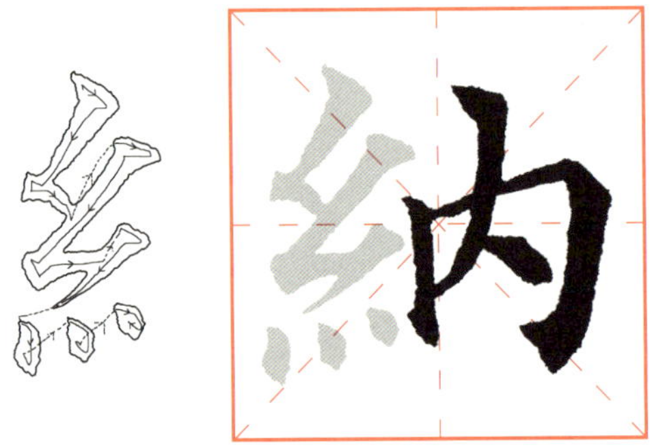

绞丝旁：二折各自有特点，空白均匀形摆稳；
女字旁：女部撇点要呼应，让右关系把握好。

八、金字旁与左耳旁

金字旁的撇画较舒展、捺画变点，注意让右关系，末笔横画起笔向左伸，有时可写成提。

左耳旁的“左耳”不宜写太大，位置偏上，以让出位置给右边笔画穿插。

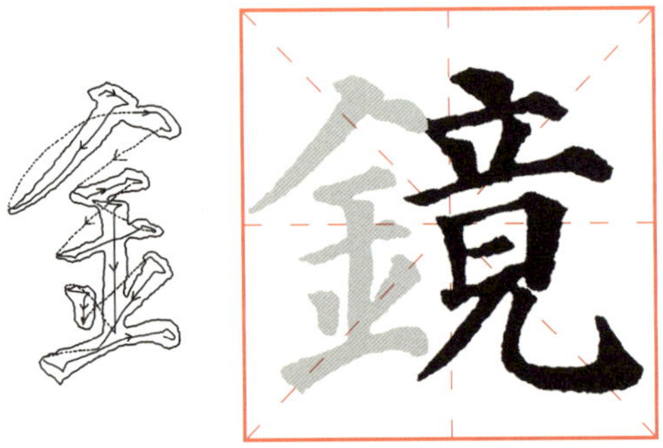

金字旁：撇首竖画对中心，底横有时变提画；
左耳旁：左耳不宜写太大，让出右边笔画行。

九、立刀旁与右耳旁

立刀旁：短竖位置在竖钩位置中间偏高，两竖注意保持好距离。

右耳旁：右耳旁的写法同左耳旁，但“耳朵”略大，以求与左旁平衡协调，“耳朵”“横撇弯钩”宜一气呵成。

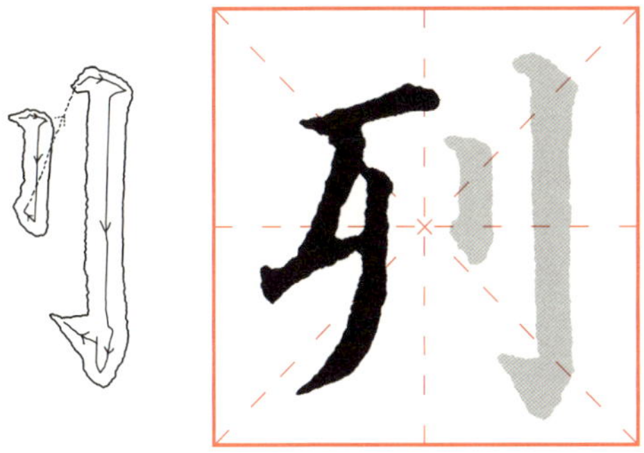

立刀旁：小竖位置略偏高，结构紧凑不松散。

右耳刀：右耳写得应略大，以求平衡与协调。

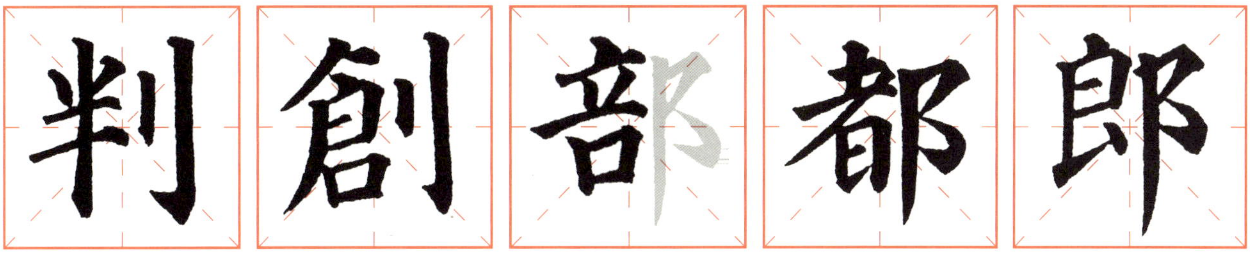

十、反文旁与力字旁

反文旁的短撇较直，长撇写成竖撇，较弯，长撇与捺画呼应协调，且轻撇重捺、撇收捺放。

力字旁的斜折方向与撇趋近于平行，形成的空间微呈上窄下宽，钩角起到支撑重心的作用。

反文旁：短撇短横配合好，反文中紧撇捺开；

力字旁：长撇折钩趋平行，底角位置横中间。

十一、拓展：教学相长　积善成德

临习要点

左右结构的字，要讲求相互之间的穿插与避让。如“教”、“积”、“德”三个字，使得左右部件之间的结构更为紧密；又如“相”字，左右部件互为避让，使整个字疏朗、协调、匀称。

创作提示

四字作品也可写成团扇（如作品“教学相长”）或斗方（如作品“积善成德”）。四字团扇与斗方的初学不宜写得太大，一般为一尺的小品即可。团扇的书写还宜讲求“因形制宜”，须表现出呼应协调的艺术效果。

幅式参考

团扇

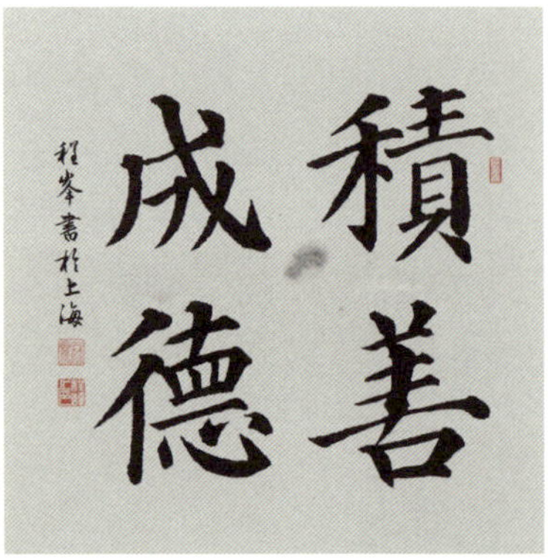

斗方

第四讲
部首——字头与字底

一、人字头与文字头

字头往往要求中心对齐，重心平稳，与下面部件有覆盖、承接等关系，使上下融为一体。有些部首如“人字头”呈两面包围之势，要有包容、稳定之感。

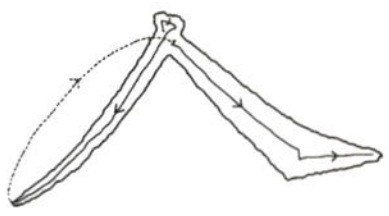

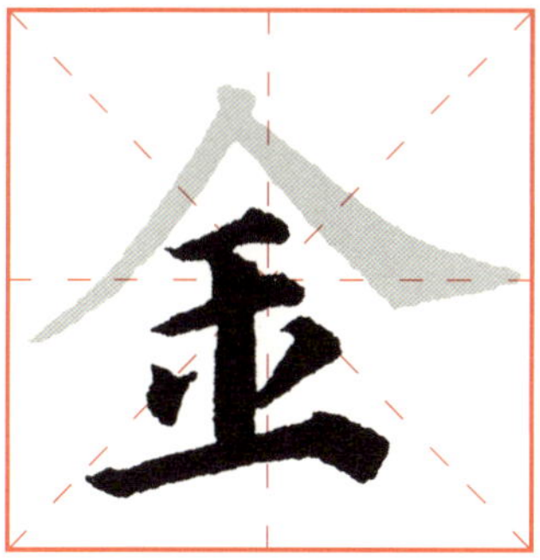

人字头：撇低捺高成三角，斜度相等较舒展。
文字头：点画写在横中间，变化根据字需要。

二、宝盖与穴字头

宝盖的首点有时写成竖点，往往位于整个宝盖的中间，左竖点、横钩舒展呈覆盖之势。
穴字头的三个点画变化丰富，内部撇与点（“点”多为“竖弯折”），呈相背之势，整体左右对称呼应。

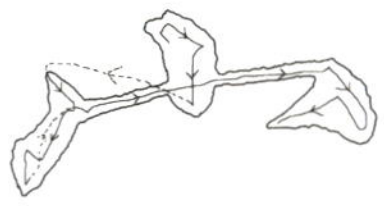

宝盖：首点居中左竖点，横钩拉长覆盖势。
穴字头：啄撇竖弯相协调，收笔处于一直线。

三、草字头与竹字头

草字头的两个“十”的形态有变化，且相互对称呼应，右尖横稍上斜、左尖横较平，左竖与右撇分别往里斜，与下面部件形成穿插呼应之势。

竹字头的两个“个”同样形态有变化，左右有相互对称、呼应之感。

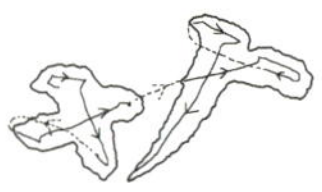

草字头：两个十字不一样，有虚有实有呼应。
竹字头：两个个字形各异，下边两点有变化。

四、小字头与尸字头

尚字头的中竖或直、或斜，左点与啄点分列中竖的左右侧，且靠中竖、相互呼应。

尸字头的“口”形较扁，竖撇长而舒展，略带弧势，整体上紧下松，给下面部件留出适当的空间。

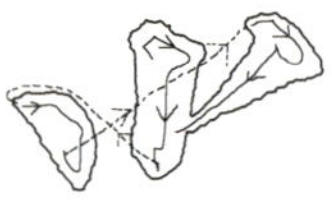

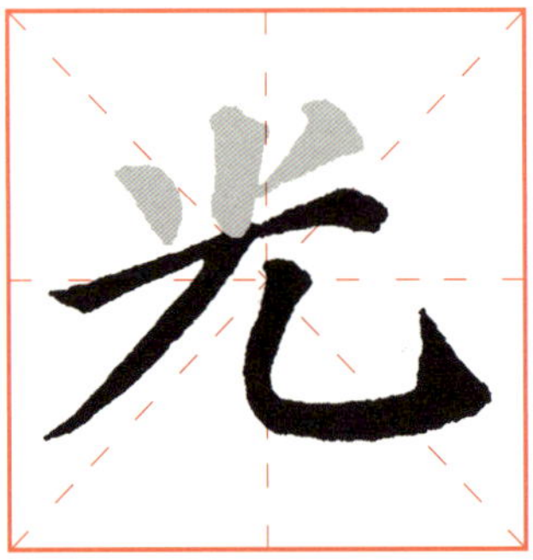

小字头：左点撇点相对称，低于竖点列两侧。
尸字头：口小撇长上部紧，构成字形成梯形。

五、心字底与四点底

心字底的点画与卧钩之间穿插有度，分布匀称，钩画弧度须要把握好。

四点底的四个点形态各异，相互呼应，若沿外框圈起来，整体形状就像一横。

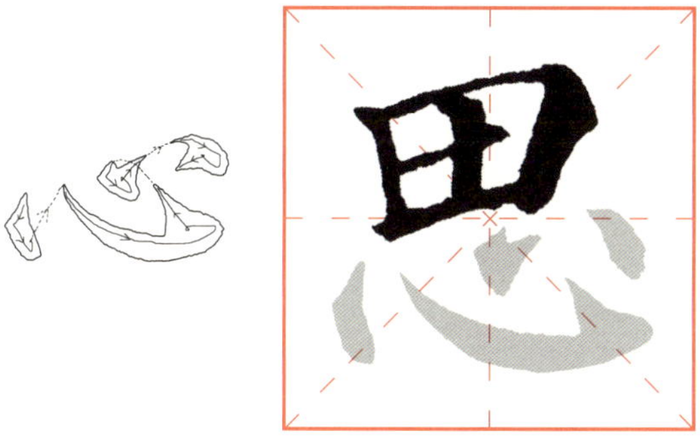

心字底：点钩之间求匀称，钩的大小须把握。

四点底：形断意连互呼应，两主两次重心稳。

六、走之儿与木字底

走之儿的横折折撇微有斜势，以让右边部件，平捺饱满有力，有承载之势，整个走之儿的点画书写宜一气呵成。

木字底的撇与捺画变为两点，横画细长，斜势明显，承载上部。

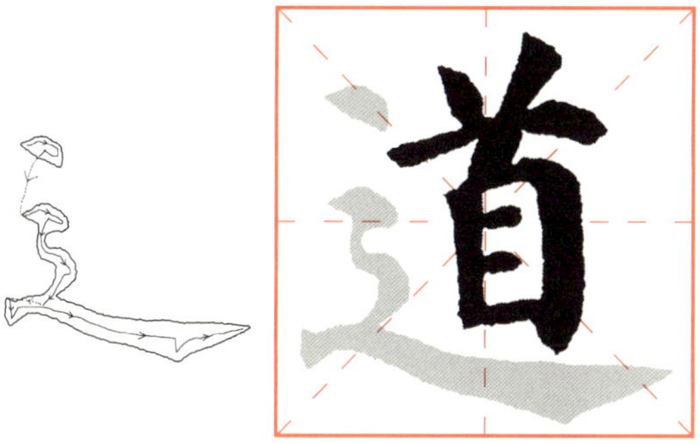

走之儿：横折折撇取斜势，平捺一波又三折。

木字底：木字横长撇捺缩，托住上面各部件。

七、拓展：文以载道　书理藏真

临习要点

颜体特点笔力遒健、点画雄浑，如“文”字捺画、“载”与“藏”的戈钩、“书”字中竖等，都显示很强的力度。

颜体在显示笔画力度的同时，结构也不失灵动。如，“文”字，文字头与撇捺呼应巧妙；“书”字，聿字头与日子底欹侧中求重心稳定。

创作提示

条幅作品“文以载道”。从四个字的笔画上来分析，前简后繁，写创作作品时切忌头轻脚重，协调好繁复字与简约字的关系，达到整体和谐。另外，钤印时，可在“文”字右边的空白处钤上一枚引首章，使整幅作品美观、平衡。

幅式参考

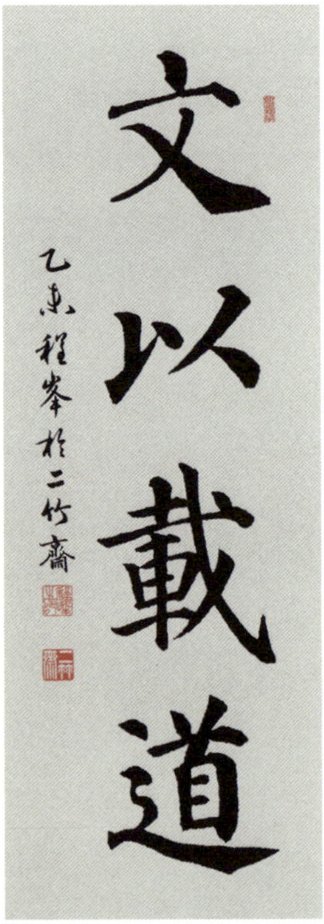

条幅

第五讲
结构——结构类型

结构类型主要是指独体字和合体字，合体字有上下结构、左右结构、包围结构等。

一、左右结构

是由左右两个部件组成，它们之间的大小、长短、宽窄、高低等关系有机地组合在一起，使整体方整停匀、主次分明、疏密得当。

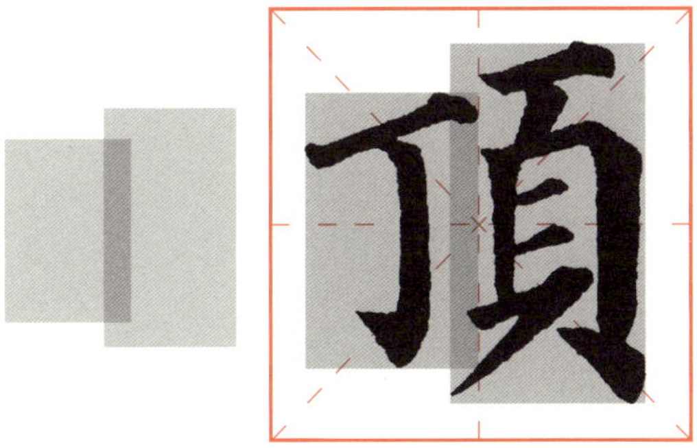

“顶”：左右宽窄相当，左短右长；
“航”：左右基本均衡，右部略短；
“初”：左长右短；
“塔”：左短右长，左部升高；
“汉”：左窄右宽；
“师”：左短右长，左高右低。

二、上下结构

是由上下两个部件组成，它们之间的大小、长短、宽窄等关系有机地组合在一起，使上下参差有度、疏密得当、浑然一体。

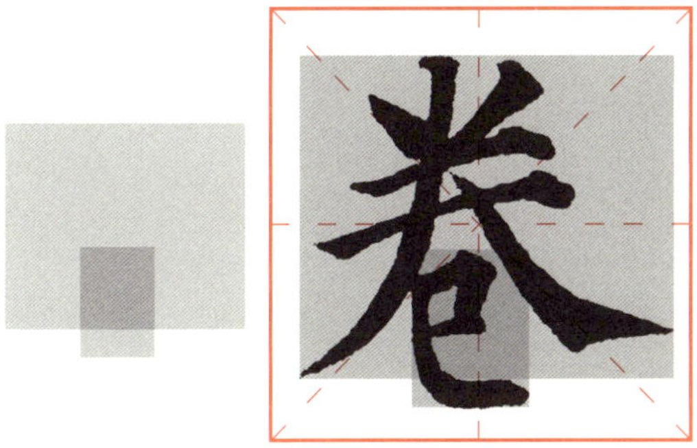

“卷”：上宽下窄，上部覆盖下部；
“息”：下部载起上部，形如碑立座上，上窄下宽；
“声”：上部笔画繁密、形态宜宽，下部窄，重心稳；
“宜”：上部扁宽，下部瘦长；
“台”：整体上下长短相当，上部略宽；
“盖”：上窄下宽，整体笔画之间排布均匀。

三、包围结构

包围结构的字，可分为半包围、三面包围、全包围结构等，半包围者所包部分要求重心平稳，三面包围、全包围结构的字不宜写得太大，要考虑高低、宽窄、斜正关系，使内外相称，避免方正呆板。

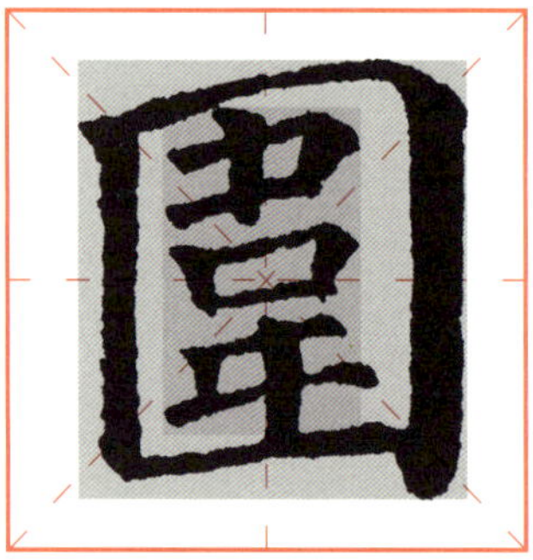

“围”：四面包围，大口框注意粗细虚实；
“建”：两面包围，左下包右上；
“问”：三面包围，上包下；
“内”：三面包围，“人”部竖撇出头占中间；
“匹”：三面包围，左包右；
“载”：两面包围，右上包左下。

四、左中右结构与上中下结构

是由上中下或者左中右三个部件组成，它们之间的高低、宽窄、长短等关系有机地组合在一起，使字的整体和谐。

“衡”：中间宽，左右窄；
“谢”：左中右宽窄相当；
“附”：中间窄，左右宽；
“慧”：上中下长短均等，上下宽、中间略窄；
“等”：上中短、下部长，上下窄、中间宽；
“莫”：上中窄，下部宽。

五、独体字

重心稳定、横平竖直、撇细捺粗、主笔突出等都是独体字的构形原则，同时《多宝塔碑》所要求的点画线条整齐平正、浑厚有力等特点也能在独体字中充分反映出来。

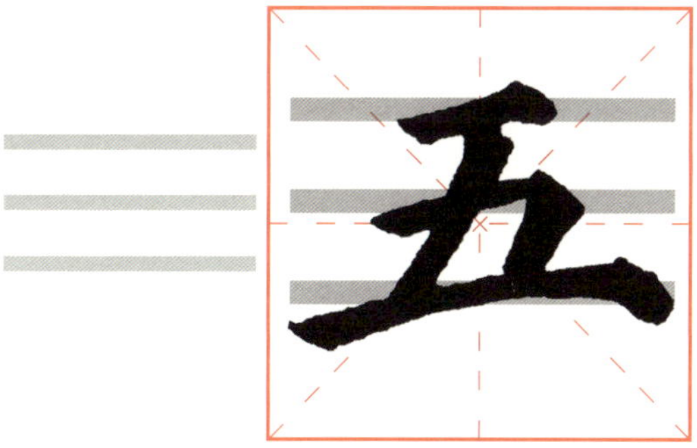

“五”：三个横画间隔匀称，底部长横主笔突出；
“中”：中间悬针竖主笔突出；
“夫”：撇捺舒展，两横不宜写得太长；
“日”：左细右竖，整个字不宜将格子撑满；
“方”：斜中取正，重心平稳；
“月”：左细右竖，整体字形瘦长。

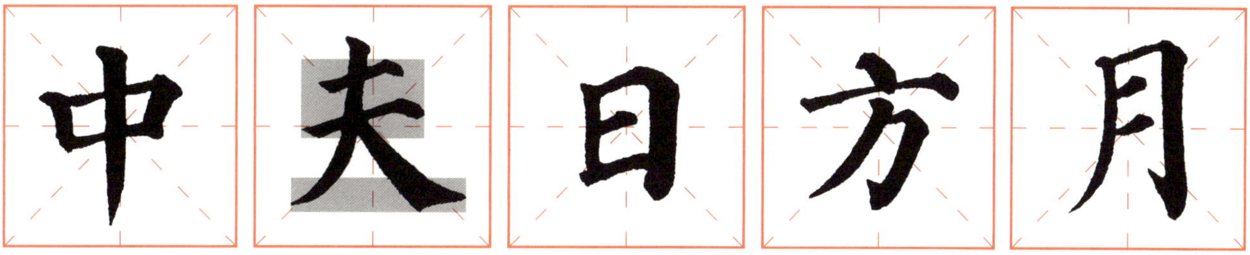

六、综合结构

错综结构的字，是由三个以上相对独立的构字单位组成的字。这类字笔画繁多，结构复杂，书写时要做好穿插、呼应、退让，要把错综复杂的结构关系处理得井然有序，合理巧妙。

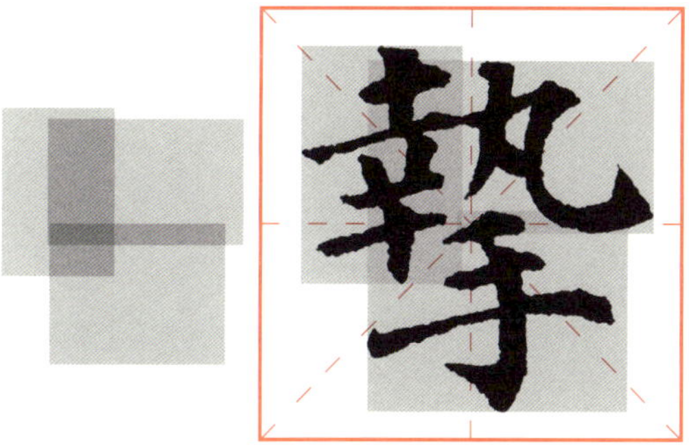

“挚”：上部左右舒展，整体上下穿插避让；
“情”：竖心旁较瘦，右部横细竖粗、间隔匀称；
“满”：左窄右宽，右部笔画较多，注意布白匀称；
“发”：四个小部件，相互配合好；
“倍”：右部上宽下窄；
“欢”：左部笔画多，要紧而不乱，整体疏密有致。

七、拓展：精气神　功到自然成

临习要点

“精”字左右结构，米字旁略提高并向右上微倾，“青”部长横巧妙插入“米”部横画下的空挡处，有效避免左右两长横的冲突；“自”字独体字，字形稍小，两竖呈相向状，笔画粗重有力；“然”字综合结构，上半部左轻右重，下半部左重右轻，全字整体平衡；“气”字包围结构，右上包左下，横斜钩的横画较斜，留出更多的空间给“米”部。

创作提示

五字作品的创作也可写成两行，落款可稍长一些，钤印的位置要低于第二行最后一个字，但一定要高于第一行最后一个字。作品中“成”字下面的留白显得较为自然，有空灵之感。

幅式参考

横幅

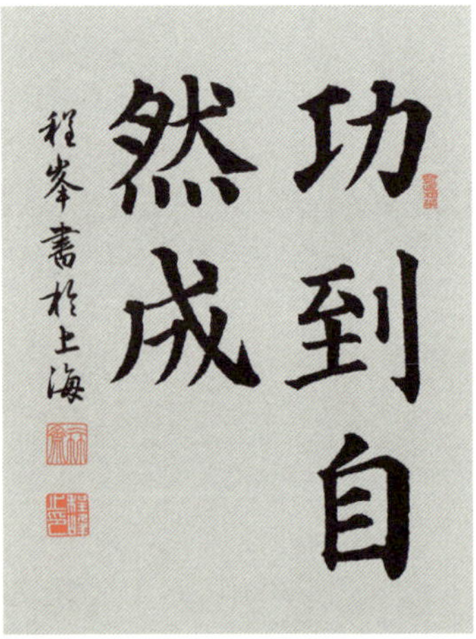

中堂

第六讲
结构——结体原则与外形多样的字

结体原则是指汉字作为书法造型艺术的一些基本构形原则，尤其是《多宝塔碑》的一些结体规律如分布均匀、收放有致、宽博雄浑等。

一、重心稳定

重心是指字的支撑力点，是平稳的关键。字形中正者，重心明显，或竖画居中，或左右对称；字形偏倚不对称者，要求偏中求正，多以斜笔、弯笔、折笔等作支撑，以达到字的整体平稳。

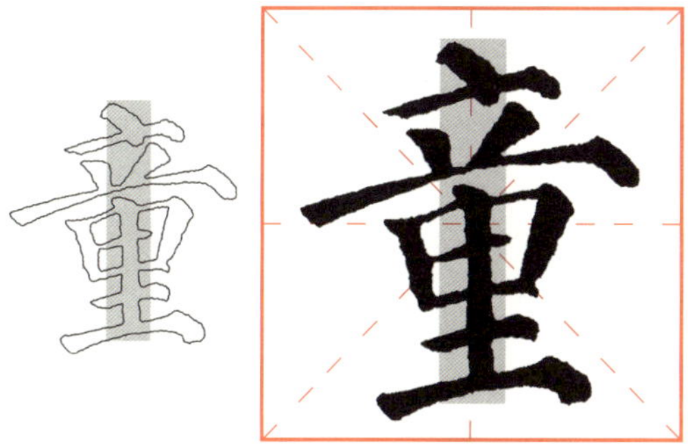

“童”：上下部件对准，首点对准中竖；
“高”：首点、中间两竖、下口对准；
“与”：上部的左中右紧凑，长横与左右点撑稳重心；
“母”：横向纵向笔画都斜，但重心斜中取正；
“名”：“夕”部斜，但与“口”部一起撑稳重心；
“华”：左右对称，悬针竖居中，且粗、直。

二、分布均匀

对字进行相对等比例的空间分割，以使点画和留空都间距相等，达到整体均衡的视觉效果。可以从点画的排列上找到规律，一般横、竖笔画间的有序排列比较明显，也有综合性的均衡安排。

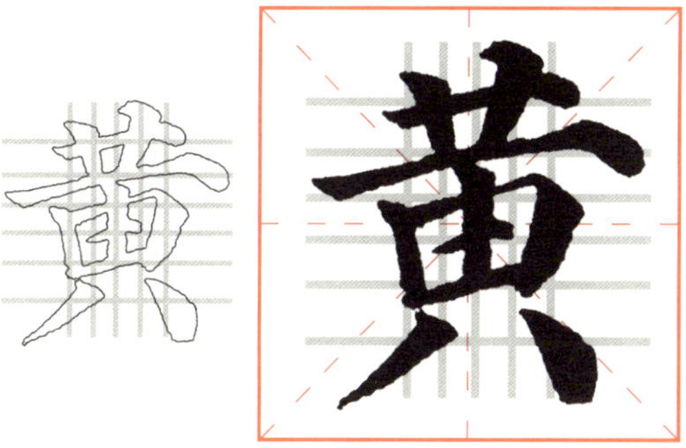

“黄”：横向纵向笔画间隔匀称；
“昼”：横向笔画间隔匀称；
“而”：纵向笔画间隔匀称；
“非”：横向笔画间隔匀称；
“后”：斜向笔画间隔匀称；
“斯”：“其”部横向、整个字纵向笔画间隔匀称。

三、收放有致

指一字中某些点画安排特别紧密，留空少，而相对另外一些点画特别开张疏朗，留空也多，此二者形成明显的对比，增强了字的结构张力和艺术感。

“逢”：上面的捺写成反捺宜收，底部平捺宜放；
“春”：长横宜收，撇捺宜放；
“先”：长横宜收，撇与竖弯钩宜放；
“城”：提土旁宜收，“成”部宜放；
“承”：撇捺宜放，其他横向笔画宜收；
“盛”：“成”部宜放，皿字底宜收。

四、穿插避让

字画交错的字，要注意字的各元素、笔画之间的穿宽插虚与相互避让，才能使字的整体浑然一体，相得益彰。

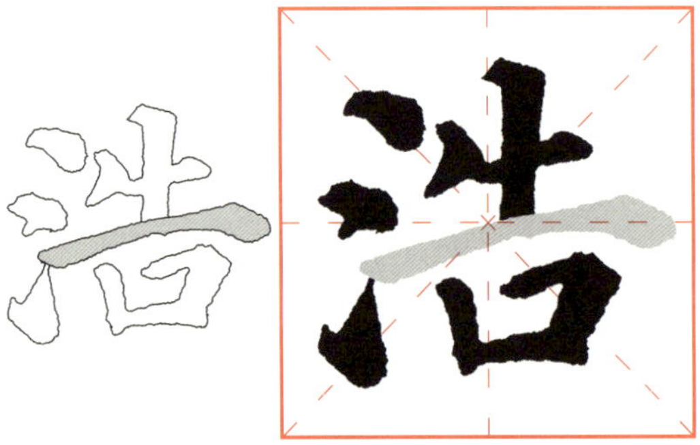

“浩”：长横穿插到三点水空白处；
“沙”：长撇穿插到三点水的下方；
“苍”：撇捺穿插到草字头两竖中间；
“感”：心字底穿插到“咸”的下面，“咸”部中间的小部件作适当避让；
“烟”：火字旁捺作避让，底部长横作穿插；
“勤”：长撇穿插到左边部件的下方。

五、重复变化

同一个字中两个或两个以上笔画或部件相同，可进行大小、轻重、主次等方面的变化，以避免形态结构雷同和呆板。

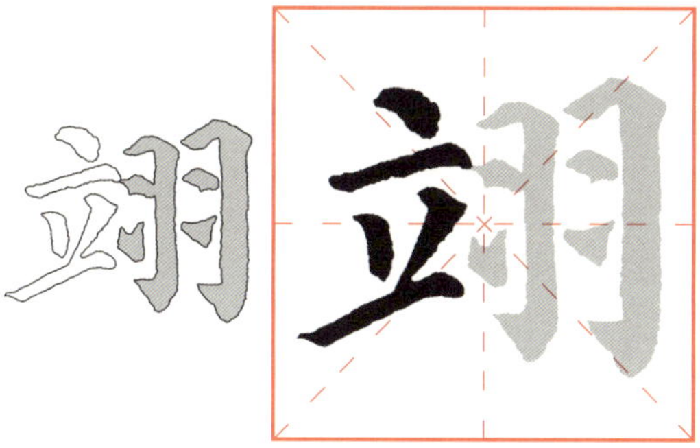

“翊”：两个“习”部左小右大，提点方向不一；
“焱”：两个“火”部姿态不一样；
“灵”：中间的三个“口”部连续有变化；
“继”：五个“幺”部变化呼应；
“赫”：两个“赤”部形态不一，互相呼应；
“森”：三个“木”部，变化、穿插、避让、呼应。

六、外形多样的字

如果将《多宝塔碑》中字的外轮廓兜围起来，可发现其外形非常丰富，可用几何图形直观概括。临写时应充分体现出这些外形上的特征与差异，使字更为自然生动。

“手”：整体字形呈菱形；
“是”：整体字形呈正三角形；
“玉”：整体字形呈正梯形；
“乐”：整体字形呈圆形；
“下”：整体字形呈倒三角形；
“示”：整体字形呈六边形。

七、同字异形

两个相同的字在笔画粗细或结构形式上有所变化，使重复字避免雷同单调之感。同字异写不能随便而为，应取古代已确立的写法，做到“无一字不无来历”。

明	能	所

超	于	捡

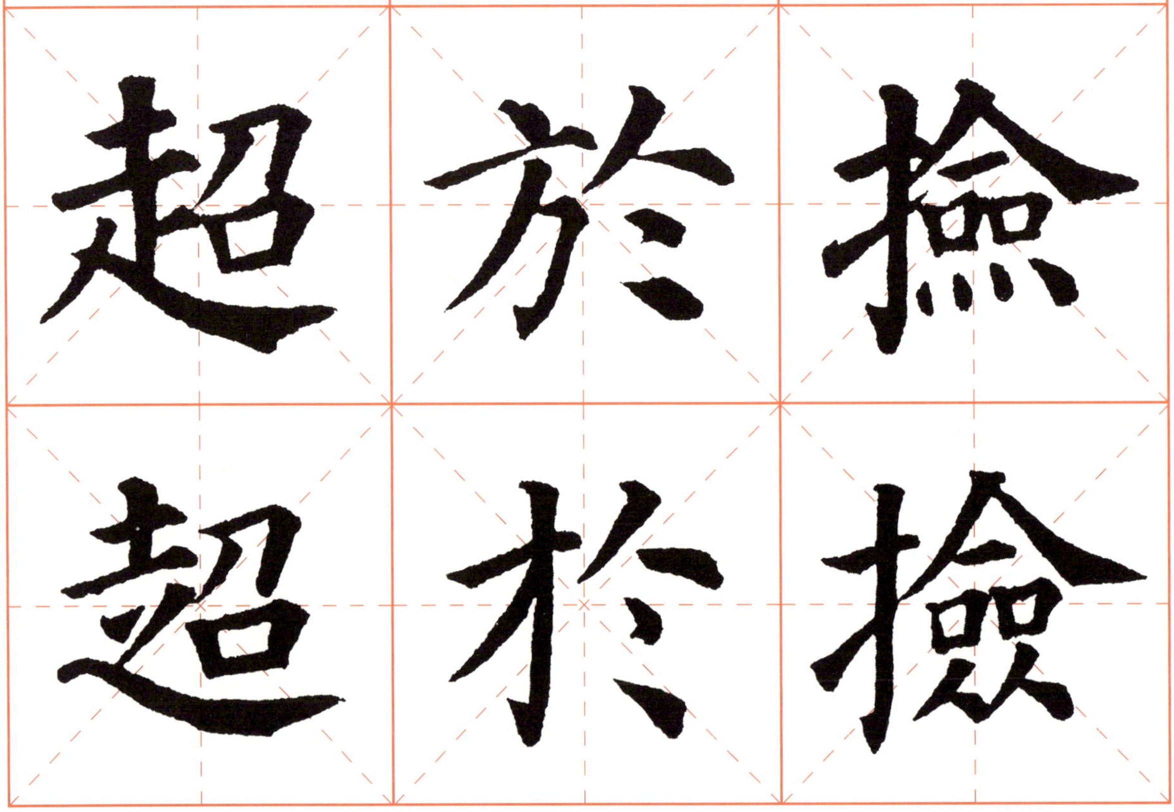

圣	定	经
聖	定	経
聖	定	經

修	发	岁
修	發	歲
脩	發	歲

临习要点

“思”字“田”部略向左倾斜，以留出空白让下部“心”，使两点有更多伸展余地；“无”字四竖、四点、三横形态各异，注意观察比较；“容”字上下收、中间展，即撇捺舒展；“德”字结体要注意在欹侧中见平整，右上部重心左倾，下部“心”的卧钩笔力雄强，加重右下部分，使全字平稳。

创作提示

楷书条幅也可将上款题于正文右侧，一般上款略高，下款略低。

作品“有容德乃大”五字存在明显的繁与简，导致字形有明显的大与小，一般多笔画字，形体较宽大，少笔画字形体较狭小。此作品可将“乃”写得稍粗实，“大”写得较舒展，避免整幅作品头重脚轻。

幅式参考

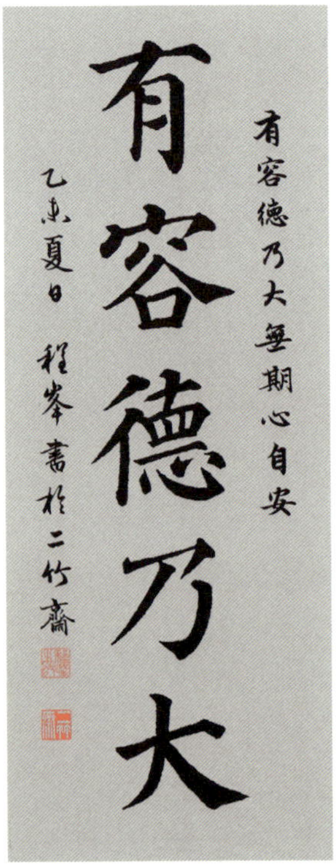

条幅

第七讲
集字创作

集字创作，是从原字帖中挑出一些单字，组成新的有意义的文词作为素材进行创作。要注意调整好字与字之间的笔势呼应、相互配合，使整体协调。

一、条幅与中堂

尺幅： 条幅的宽和高的比例通常为 1 ∶ 3 或 1 ∶ 4；中堂的宽和高的比例通常为 1 ∶ 2。

特点： 少字数的条幅作品，需表现出颜体圆劲饱满、气势雄伟的特点。“达观”二字笔画数较多，力求表现匀称、端庄的气势；“春华秋实”四字作品，力求做到收放有致，雄健中蕴含秀美。

款印： 落款稍靠紧正文，并处于正文的中间偏上一点，起首的字可在正文的两个字的中间，也可在某一个字的中间位置，这样才能使作品的整体有错落有致的效果。

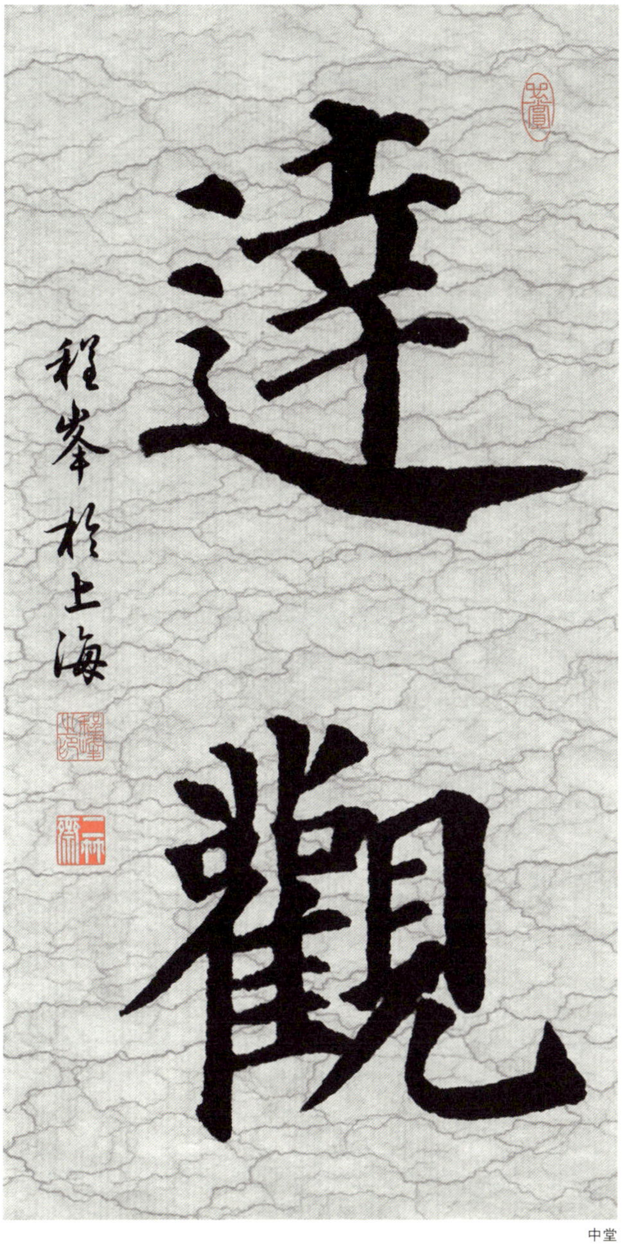

中堂

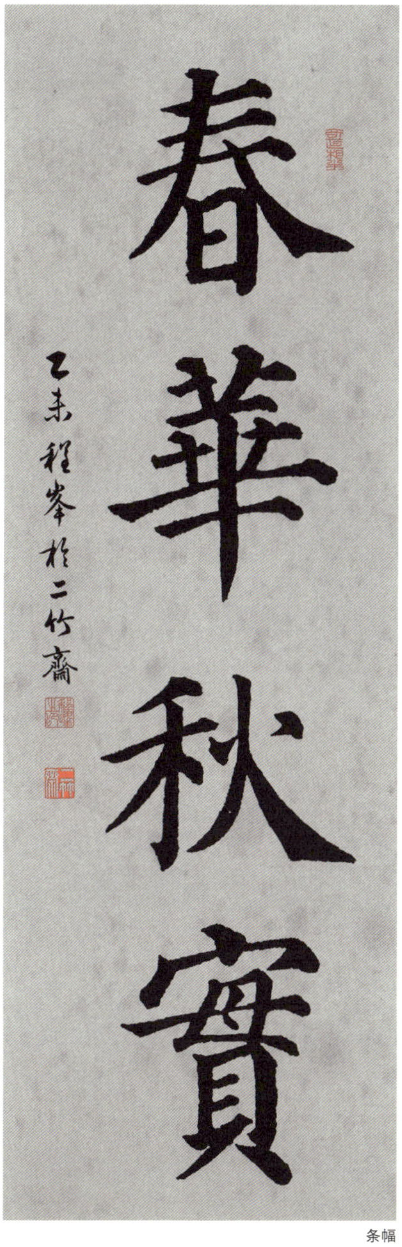

条幅

二、横幅

尺幅： 把中堂或条幅的宣纸横放即可。

特点： 这幅作品的四个字以端庄为主，静中有动，稳中求胜，给人以一种平和简静的感觉。

款印： 落款宜用穷款，作品的右上方可打一枚引首章，落款之后须打一枚姓名章或加一枚闲章。印章在书法作品中主要起点缀作用，所以一幅作品的印章也不能过多，一般是一至三方为宜。

横幅

三、斗方

尺幅： 宽和高的比例为 1 ∶ 1，可以是四尺宣纸横对开、三尺宣纸横对开、四尺宣纸开八。常见尺寸有 69×69cm、50×50cm、35×35cm 等。

特点： 斗方这一形制比较难处理，它容易整齐严肃有余，而生动活泼不足，用唐楷体来书写更是如此。这幅作品的字大小、粗细、长短等的变化较大，若处理得当，能使整幅作品静中见动、生趣盎然。

款印： 落款不宜太短，才能使整幅作品显得更为稳健。

斗方

四、团扇

尺幅： 扇面有团扇、折扇之分。团扇作品，可将宣纸剪成圆形或将正方形剪成四角对称圆角即可。

特点： 团扇的形状是圆形的，书写的时候可以“因形制宜”，团扇楷书，需设计好每行字数及落款位置。

款印： 落款可用错落有致的双款，以稳定作品的重心，增加作品的变化。

团扇

五、折扇

尺幅： 扇面有团扇、折扇之分。这是一幅折扇。

特点： 由于折扇的形式是上宽下窄，如果每行的字数多并写满必然会造成上松下紧的局面，因此可以采用一行字多，一行字少的方法来避免这种状况，例如“3—1”式、“4—1”式等，但多字行的最后一字还得与扇面的底部保持一定的距离。

款印： 落款字可比正文略小一些，落款的长短根据需要与正文的最后一行形成错落，使得整幅作品协调而富有变化。

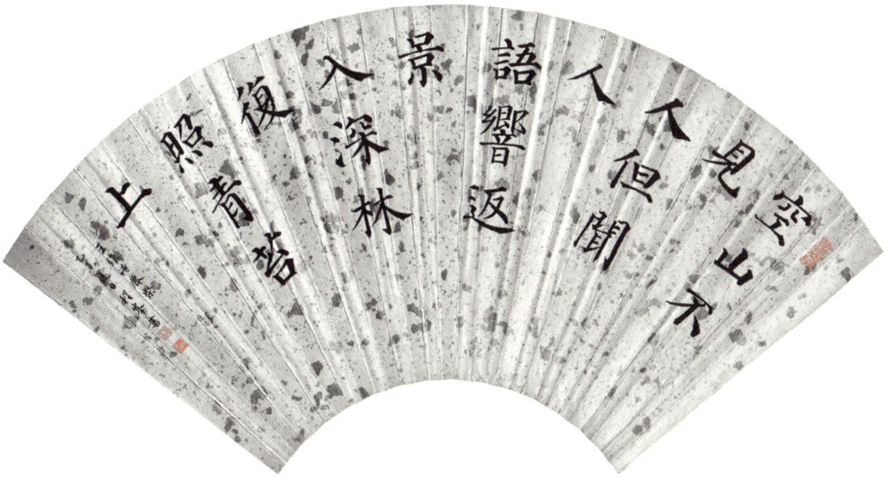

折扇

六、对联

尺幅： 三尺或四尺宣纸直对开，或现成的瓦当对联宣纸。

特点： 因为上下联分别写在大小相同的两张纸上，又组成一个整体，因此书写时要上下联头尾对齐，字要写在纸的中心线上。一般情况下，字的上下、左右要对齐，可以通过加强字本身的大小、粗细变化来制造效果。

款印： 如落单款，可写在下联的左边，位置可上可下，视效果而定。如落上下款，则上款写在上联的右上方，下款写在下联的左方，要低于上款。

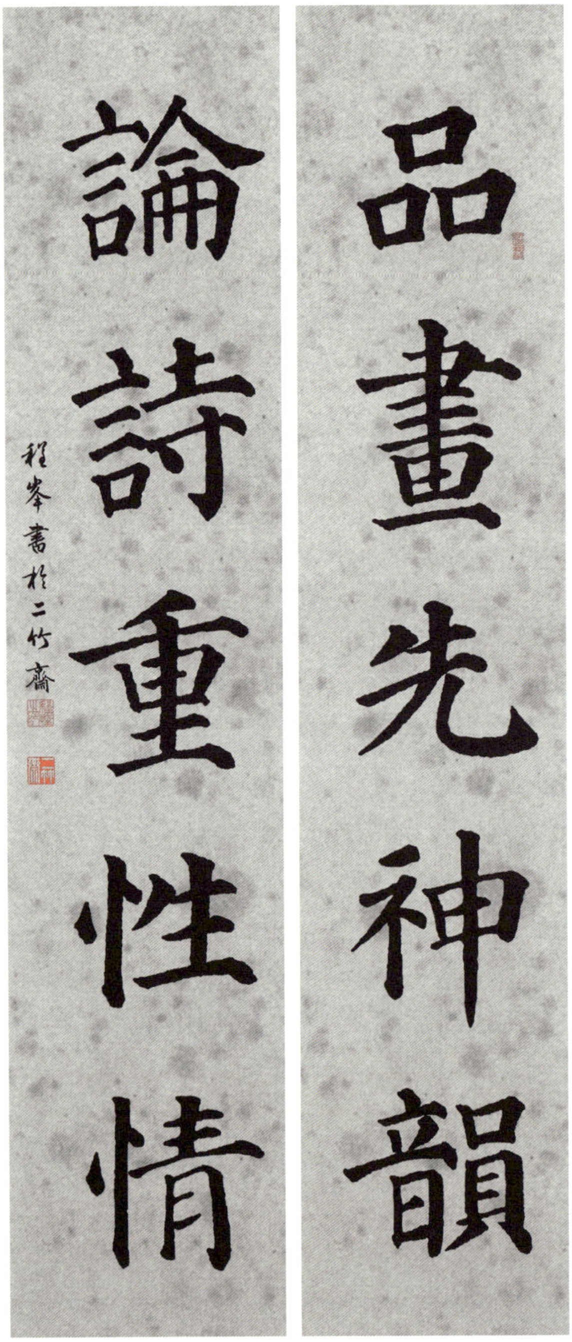

五言对联

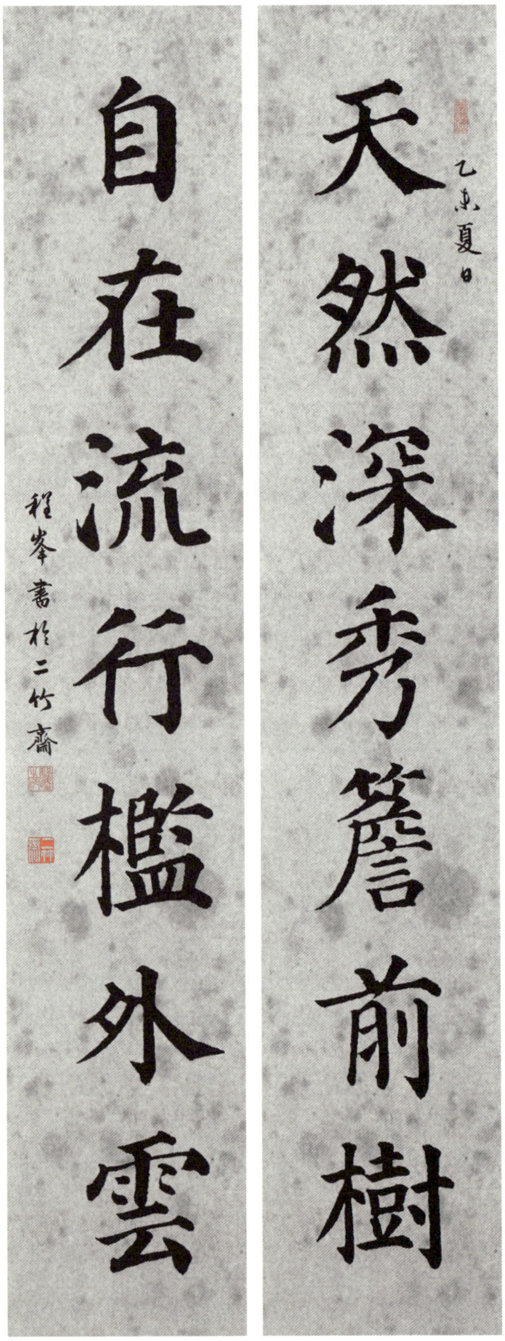

七言对联

七、较多字数集字创作参考

团扇

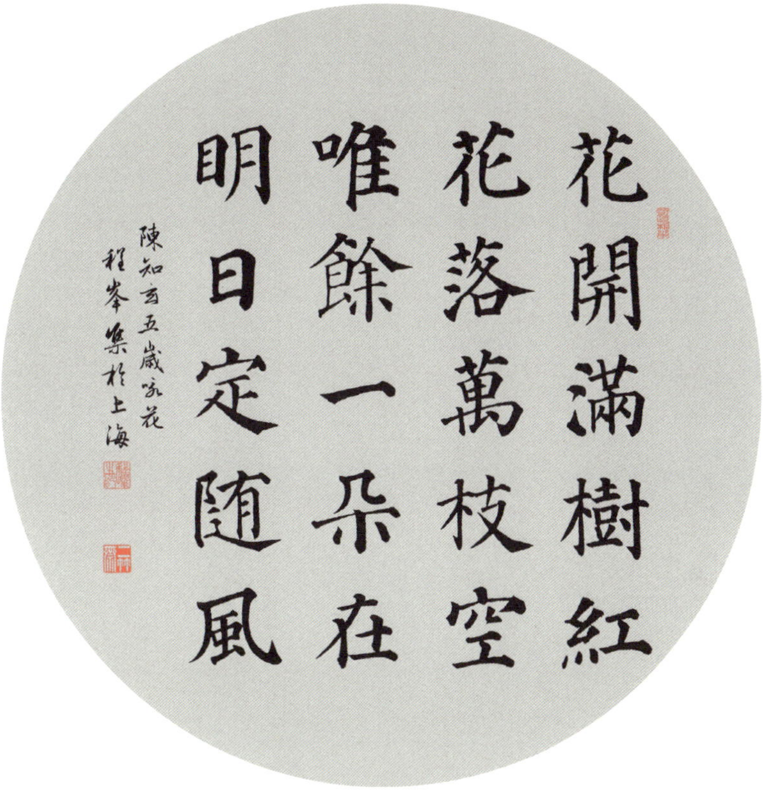

团扇

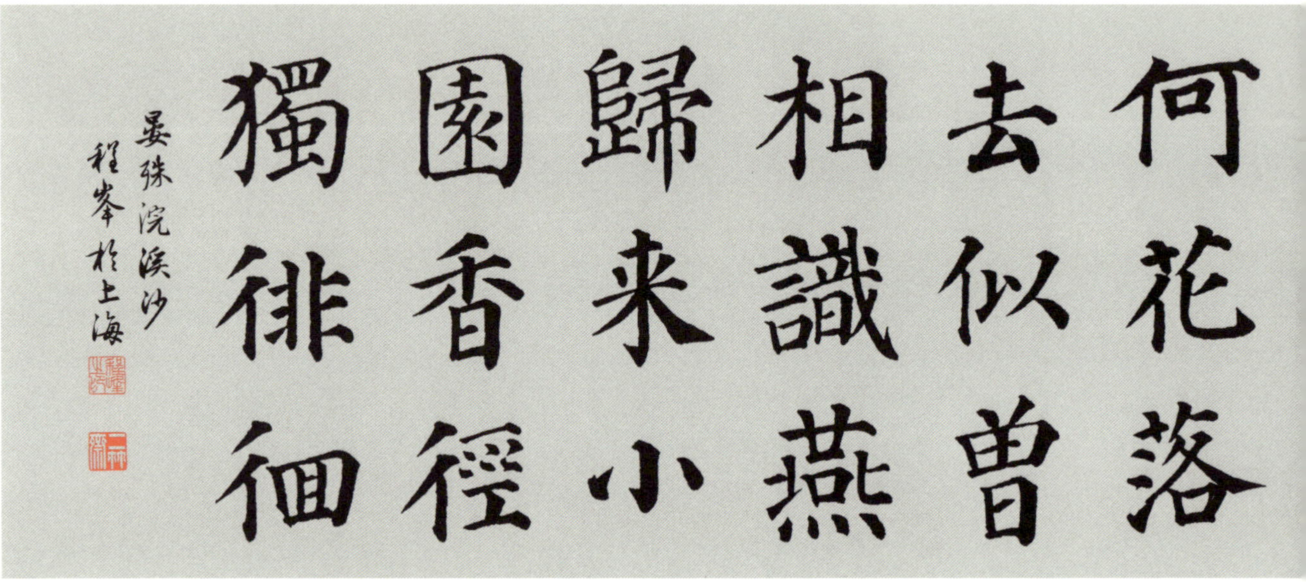
何花落
去似曾
相識燕
歸来小
園香徑
獨徘徊
晏殊浣溪沙
程峯於上海
横幅

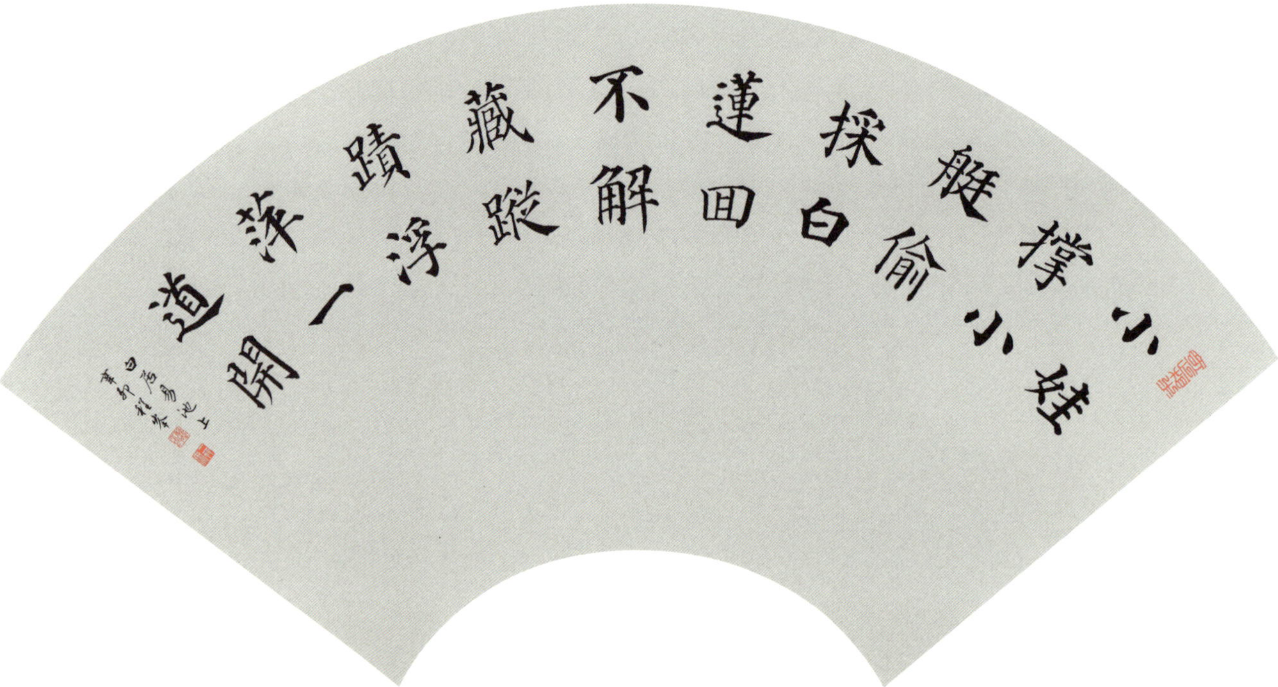
小娃
撐小
艇偷
採白
蓮回
不解
藏蹤
蹟浮
萍一
道開
白居易池上
辛卯程峯
折扇

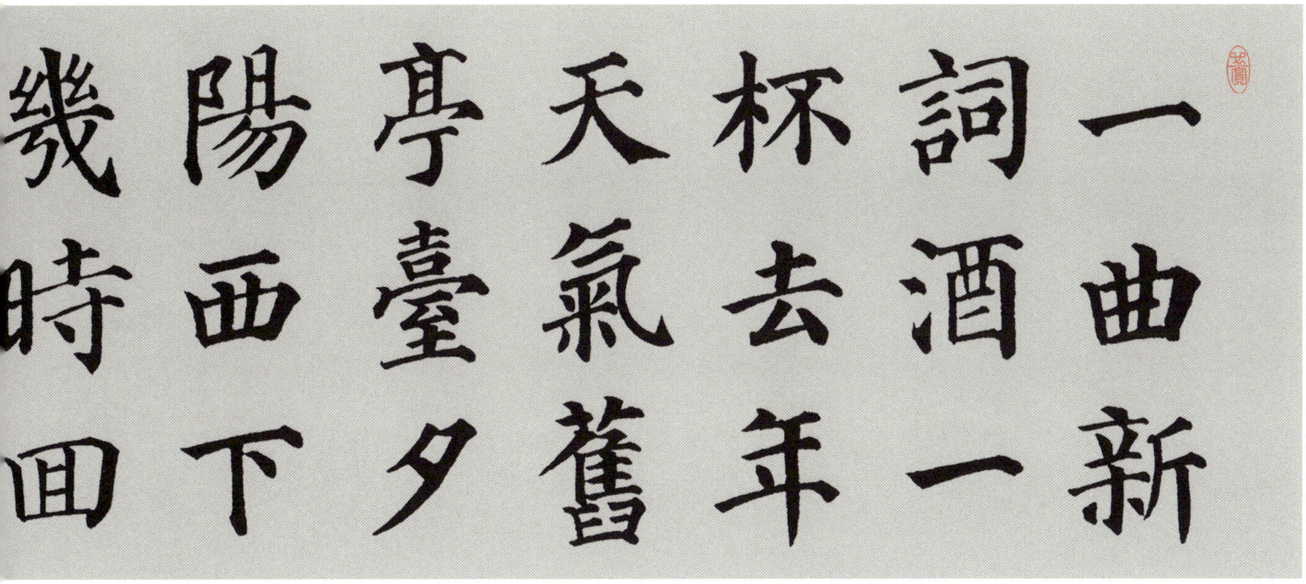
一曲新詞酒一杯去年天氣舊亭臺夕陽西下幾時回

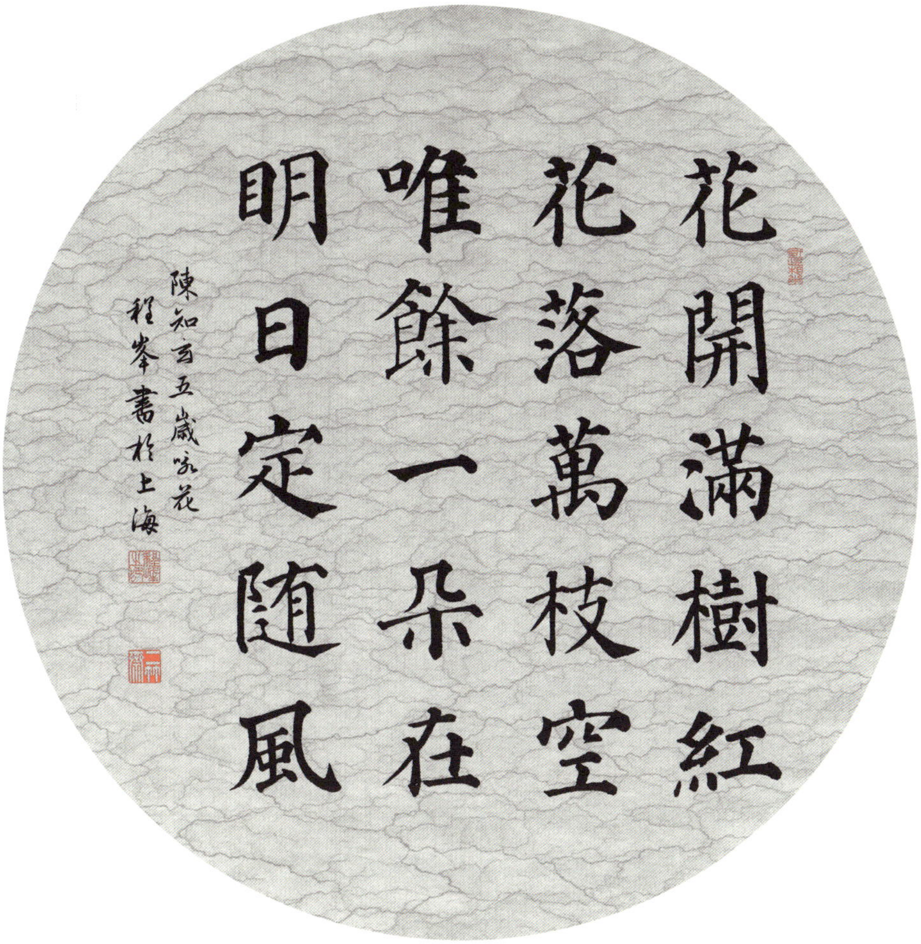
花開滿樹紅
花落萬枝空
唯餘一朵在
明日定隨風
陳知言五歲咏花
程峰書於上海

团扇

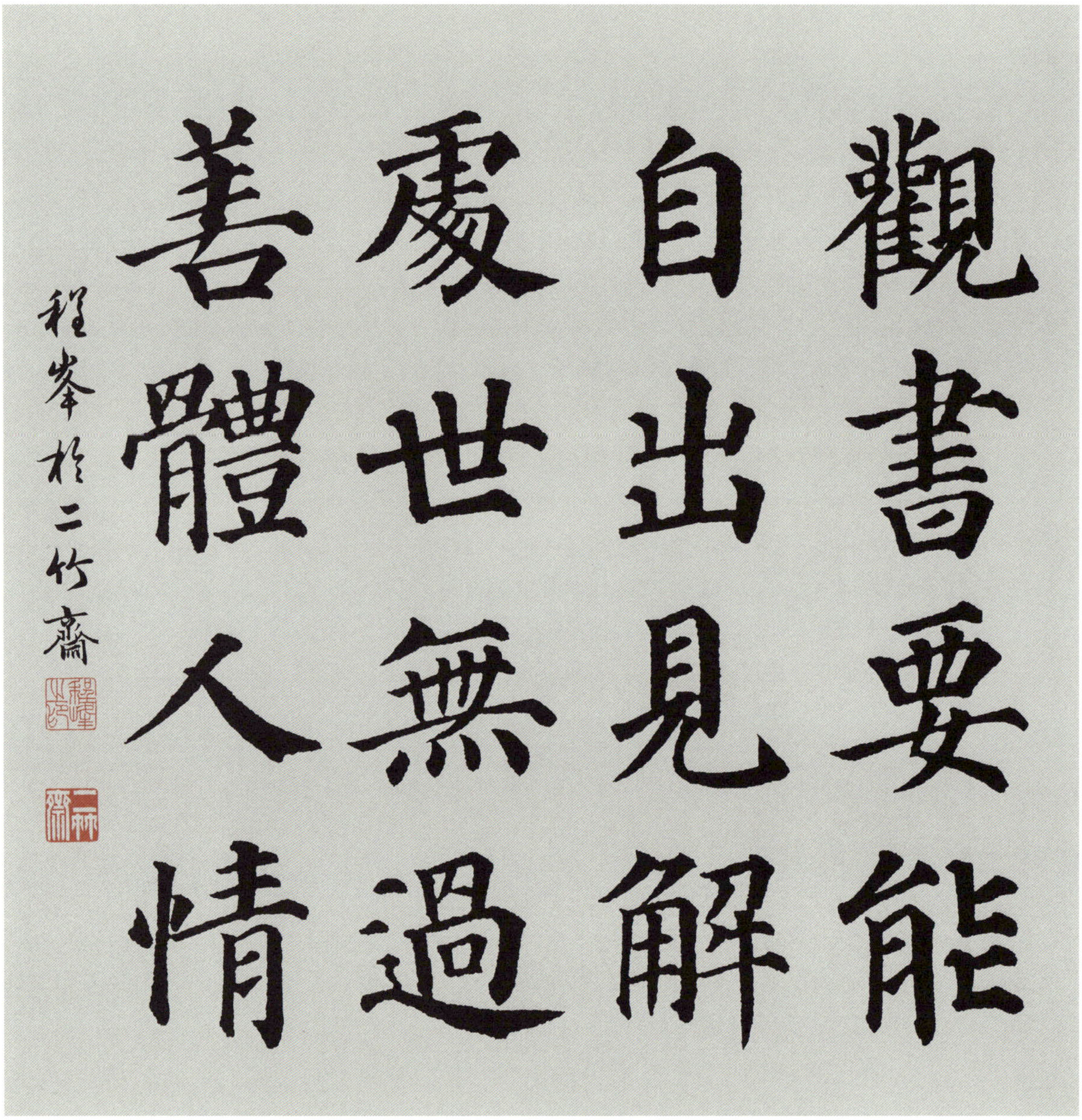
觀書要能
自出見解
處世無過
善體人情
程峰於二竹齋
斗方

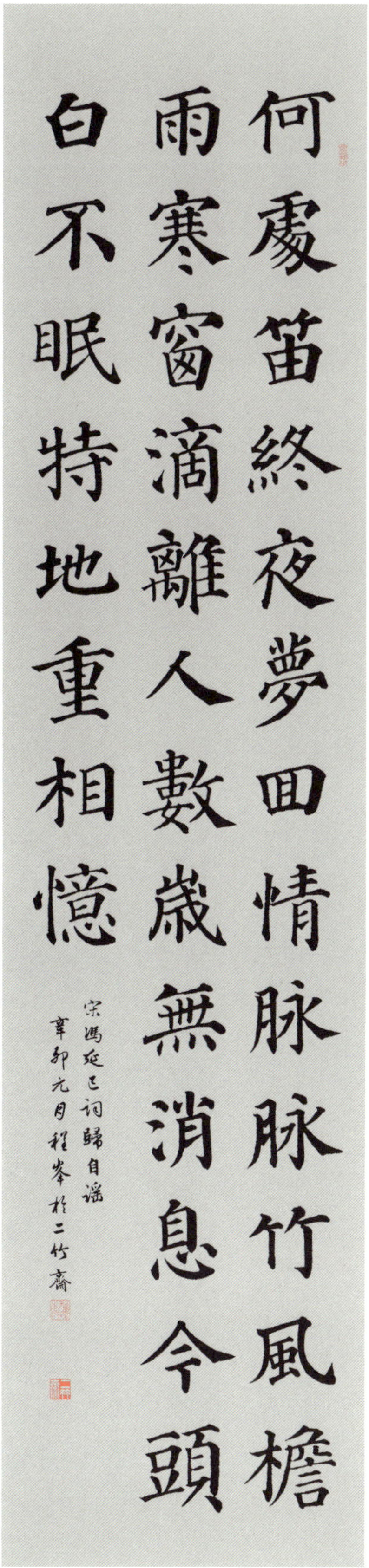
何處笛終夜夢回情脉脉竹風檐
雨寒窗滴離人數歲無消息今頭
白不眠特地重相憶
宋馮延巳詞歸自謠
辛卯九月程峯於二竹齋

条幅

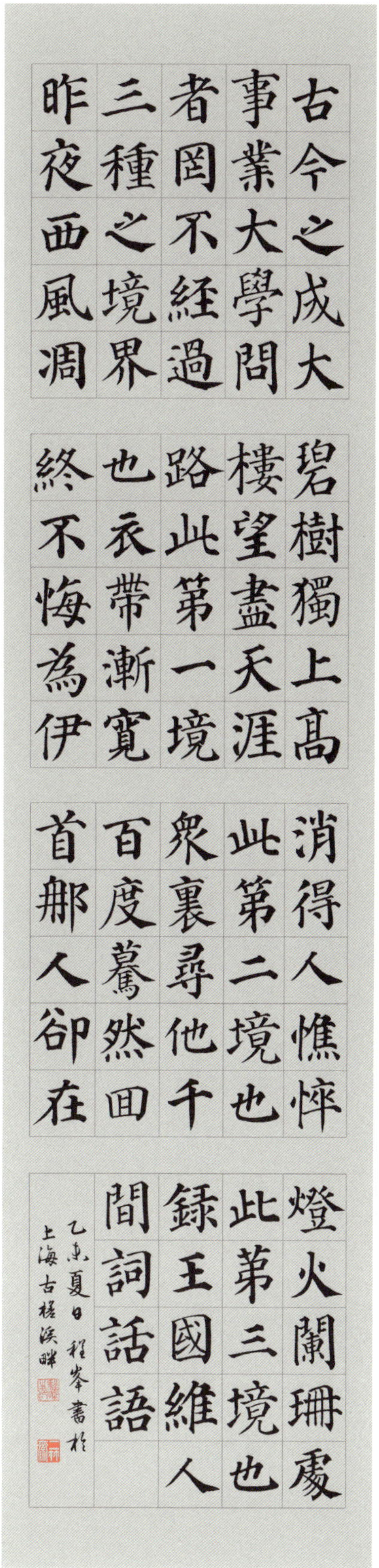
古今之成大事業大學問者罔不經過三種之境界昨夜西風凋
碧樹獨上高樓望盡天涯路此第一境也衣帶漸寬終不悔為伊
消得人憔悴此第二境也衆裏尋他千百度驀然回首那人卻在
燈火闌珊處此第三境也錄王國維人間詞話語
乙未夏日程峯書於
上海古樣浜畔

条幅

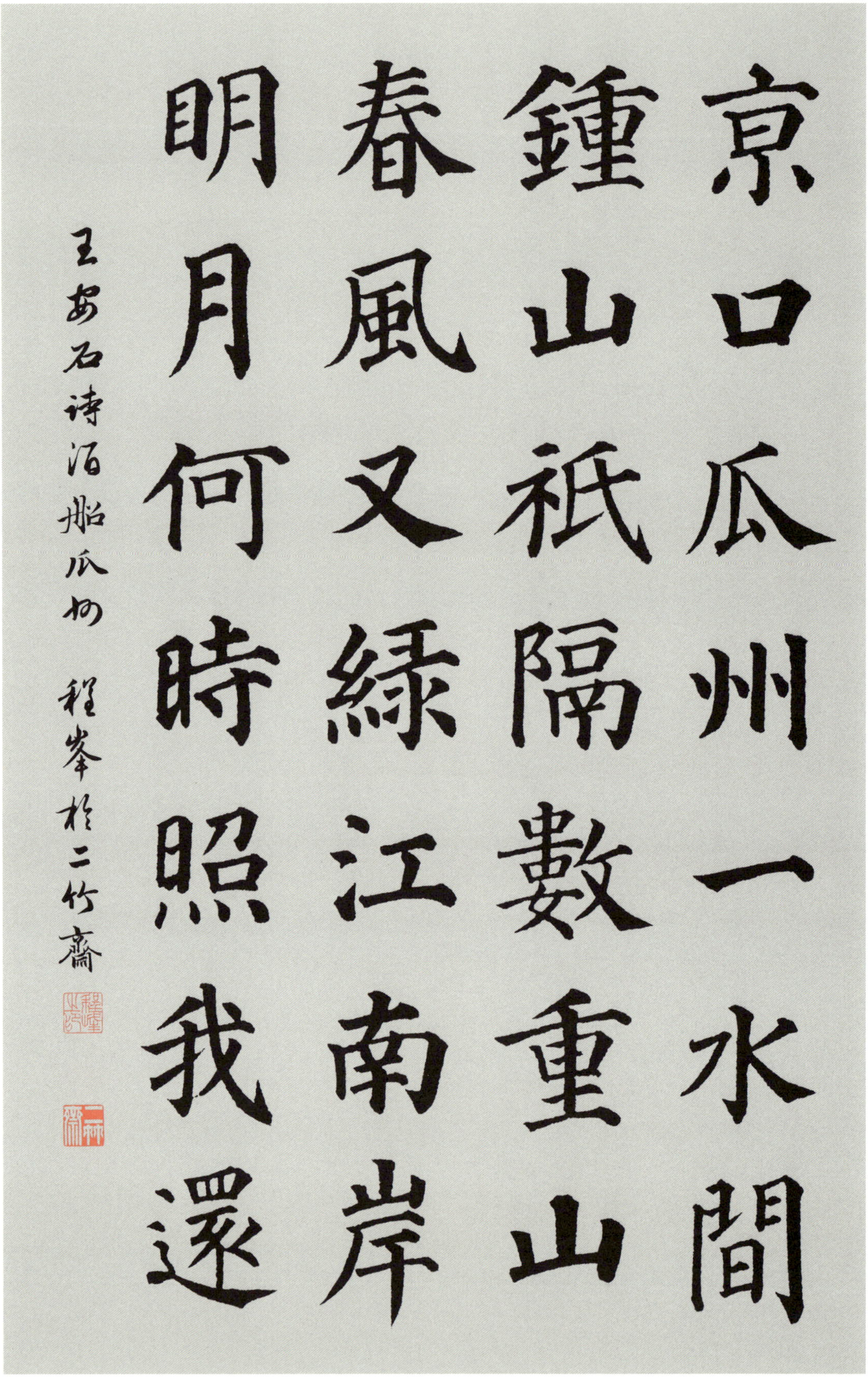
京口瓜州一水間
鍾山祇隔數重山
春風又綠江南岸
明月何時照我還
王安石詩泊船瓜州
程峯於二竹齋

中堂

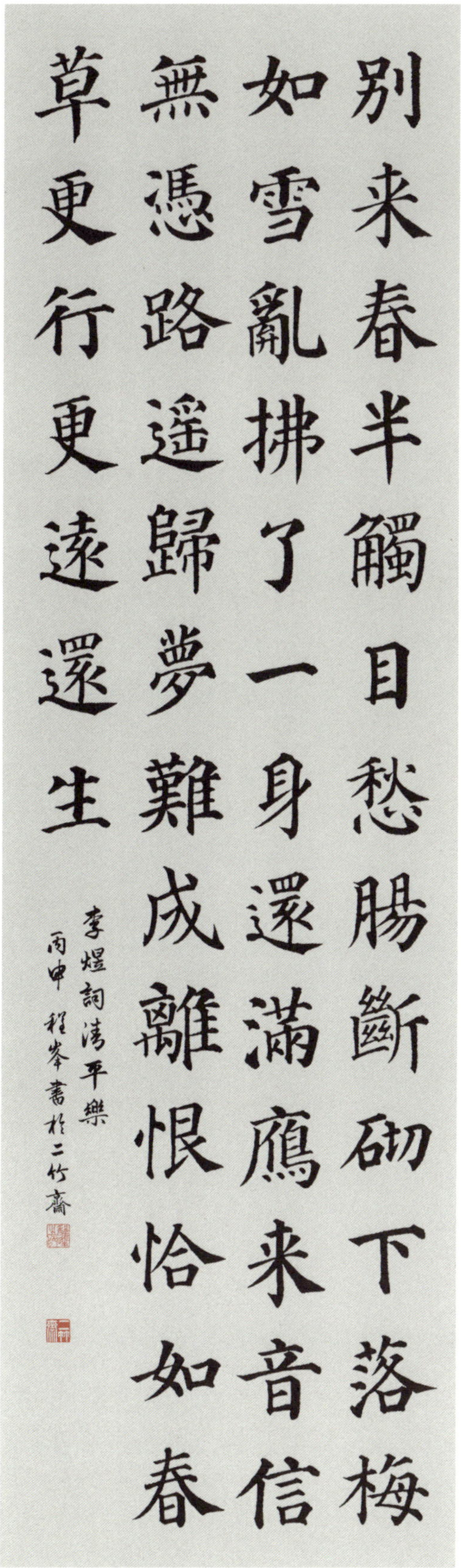
别来春半觸目愁腸斷砌下落梅
如雪亂拂了一身還滿鴈来音信
無憑路遥歸夢難成離恨恰如春
草更行更遠還生
李煜詞清平樂
丙申 程峯書於二竹齋

条幅

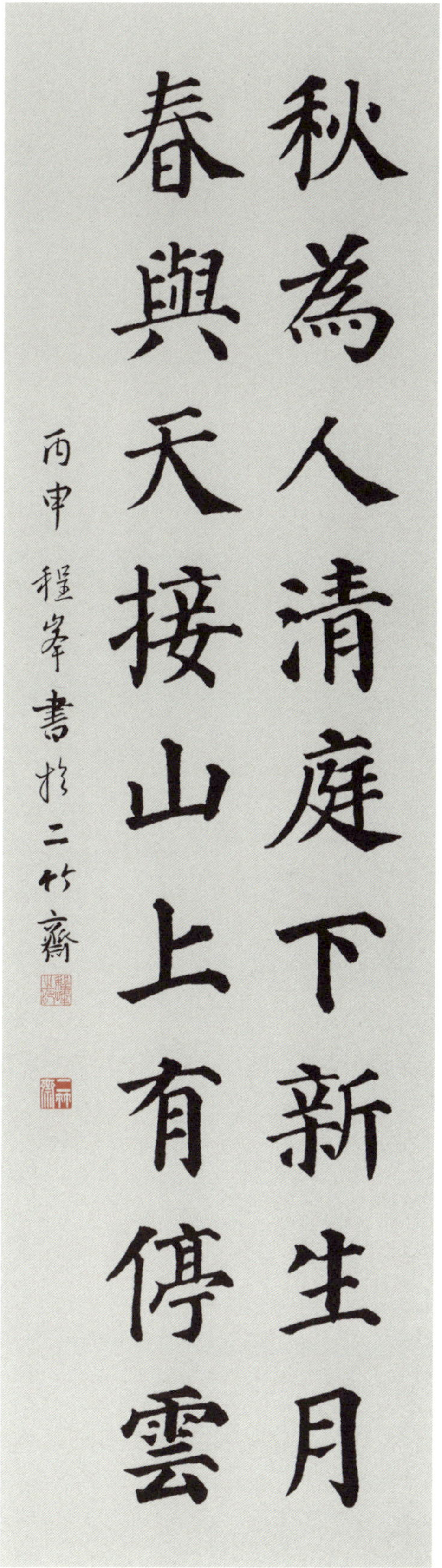
秋為人清庭下新生月
春與天接山上有停雲
丙申 程峯書於二竹齋

条幅

教育部书法教材推荐碑帖范本

颜真卿多宝塔碑

上海书画出版社

《全本对照——经典碑帖临写辅导》丛书 编委会

《颜真卿多宝塔碑》简介

《多宝塔碑》全称《大唐西京千福寺多宝佛塔感应碑文》。唐岑勋撰，颜真卿书，徐浩题额。天宝十一载（七五二）立。碑今在西安碑林。正书。三十四行，行六十六字。此碑系颜氏四十四岁时所书，书法在欧（阳询）、褚（遂良）之间，结字平稳严谨。以石质坚润，剥落甚少。清康熙时（一六六二—一七二二）泐损一片，泐缺十八字，余字基本齐全。此碑历来为学习楷书的上佳范本，因其点画、结体都端正大方，又少颜体成熟后略现肥厚的习气，故而多为初学者所首选。明孙鑛《书画跋》云：『此是鲁公最匀隐书，亦尽秀媚多姿，第微带俗，正是近世掾史家鼻祖。又点画太圆整，笔写不应若此。米元章谓鲁公每使家童刻字，会主人意修改波撇，致大失真，观此良非诬。』北宋拓本四十行『归我帝力其三』之『力』字左边未损；全碑字口方棱，字画间牵丝极为清晰。

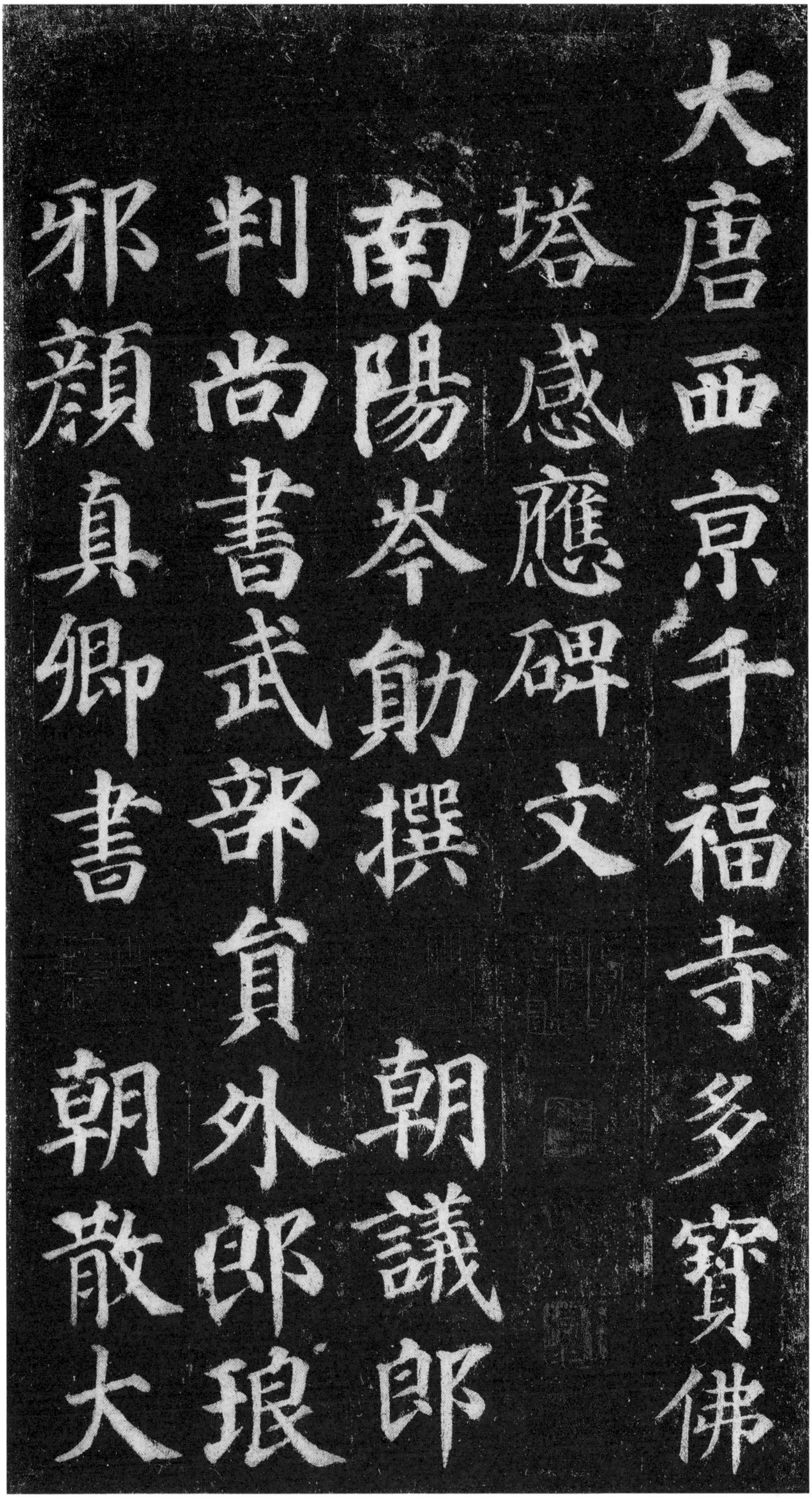

大唐西京千福寺多宝佛 塔感应碑文 南阳岑勋撰朝议郎 判尚书武部员外郎琅 邪颜真卿书朝散大

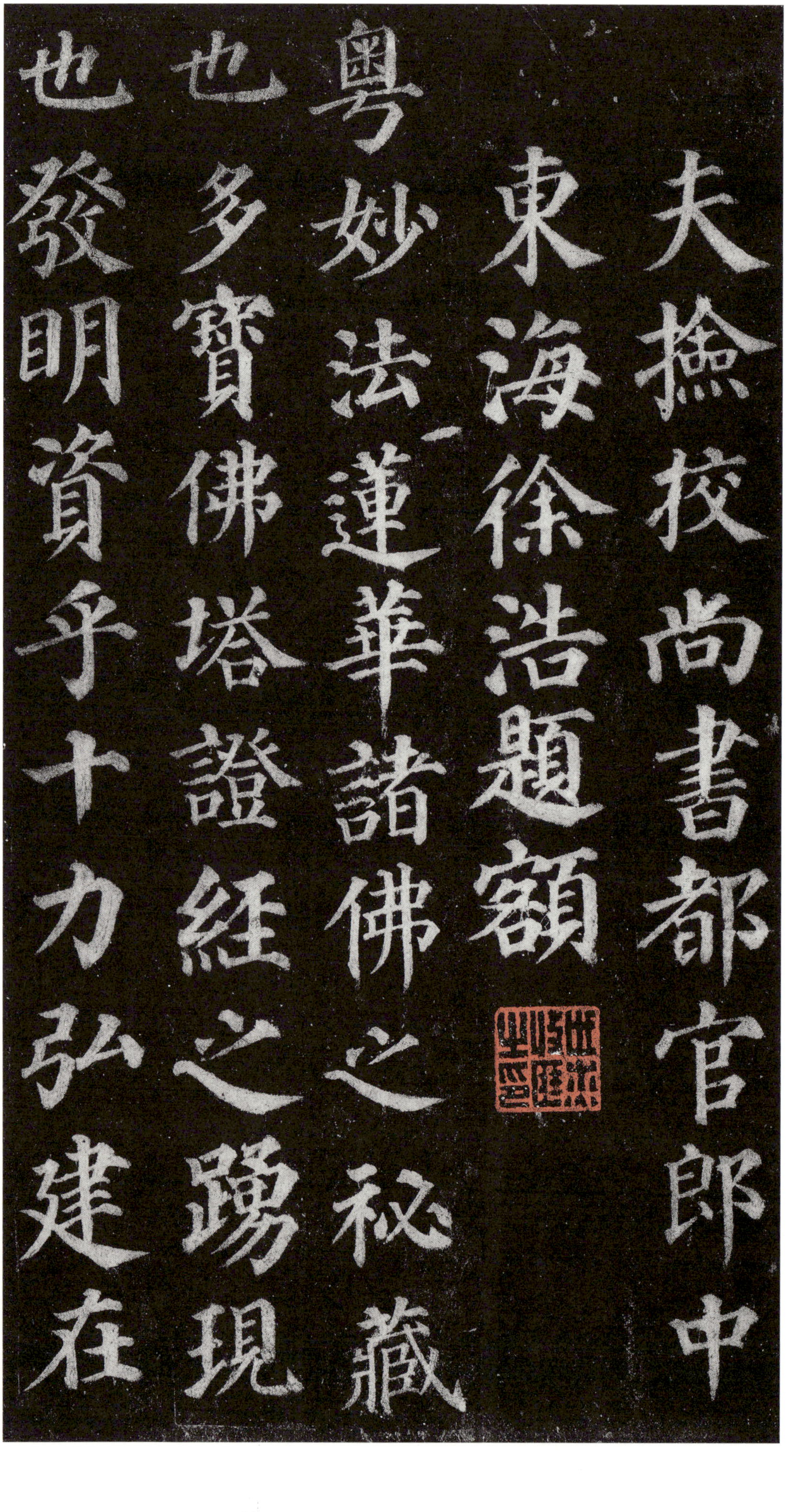
夫撿校尚書都官郎中
東海徐浩題額
粵妙法蓮華諸佛之祕藏
也多寶佛塔證經之踴現
也發明資乎十力弘建在

夫捡校尚书都官郎中　东海徐浩题额　粤妙法莲华诸佛之秘藏　也多宝佛塔证经之踊现　也发明资乎十力弘建在

於四依有禪師法號楚金
姓程廣平人也祖父並信
著釋門慶歸法胤母高氏
久而無姙夜夢諸佛覺而
有娠是生龍象之徵無取

于四依有禅师法号楚金　姓程广平人也祖父并信　著释门庆归法胤母高氏　久而无妊夜梦诸佛觉而　有娠是生龙象之征无取

熊罴之兆诞弥厥月炳然　殊相岐嶷绝于荤茹髫龀　不为童游道树萌牙耸豫　章之桢干禅池畎浍涵巨　海之波涛年甫七岁居然

猒俗自誓出家禮藏探經
法華在手宿命潛悟如識
金環揔持不遺若注瓶水
九歲落髮住西京龍興寺
從僧籙也進具之年昇座

厌俗自誓出家礼藏探经　法华在手宿命潜悟如识　金环总持不遗若注瓶水　九岁落发住西京龙兴寺　从僧箓也进具之年升座

講法頓收珎藏異窮子之
疾走直詣寶山無化城而
可息尒後因靜夜持誦至
多寶塔品身心泊然如入
禪定忽見寶塔宛在目前

讲法顿收珍藏异穷子之 疾走直诣宝山无化城而 可息尔后因静夜持诵至 多宝塔品身心泊然如入 禅定忽见宝塔宛在目前

釋迦分身遍滿空界行勤
聖現業淨感深悲生悟中
淚下如雨遂布衣一食不
出戶庭期滿六年誓建茲
塔既而許王瓘及居士趙

释迦分身遍满空界行勤
圣现业净感深悲生悟中
泪下如雨遂布衣一食不
出户庭期满六年誓建兹
塔既而许王瓘及居士赵

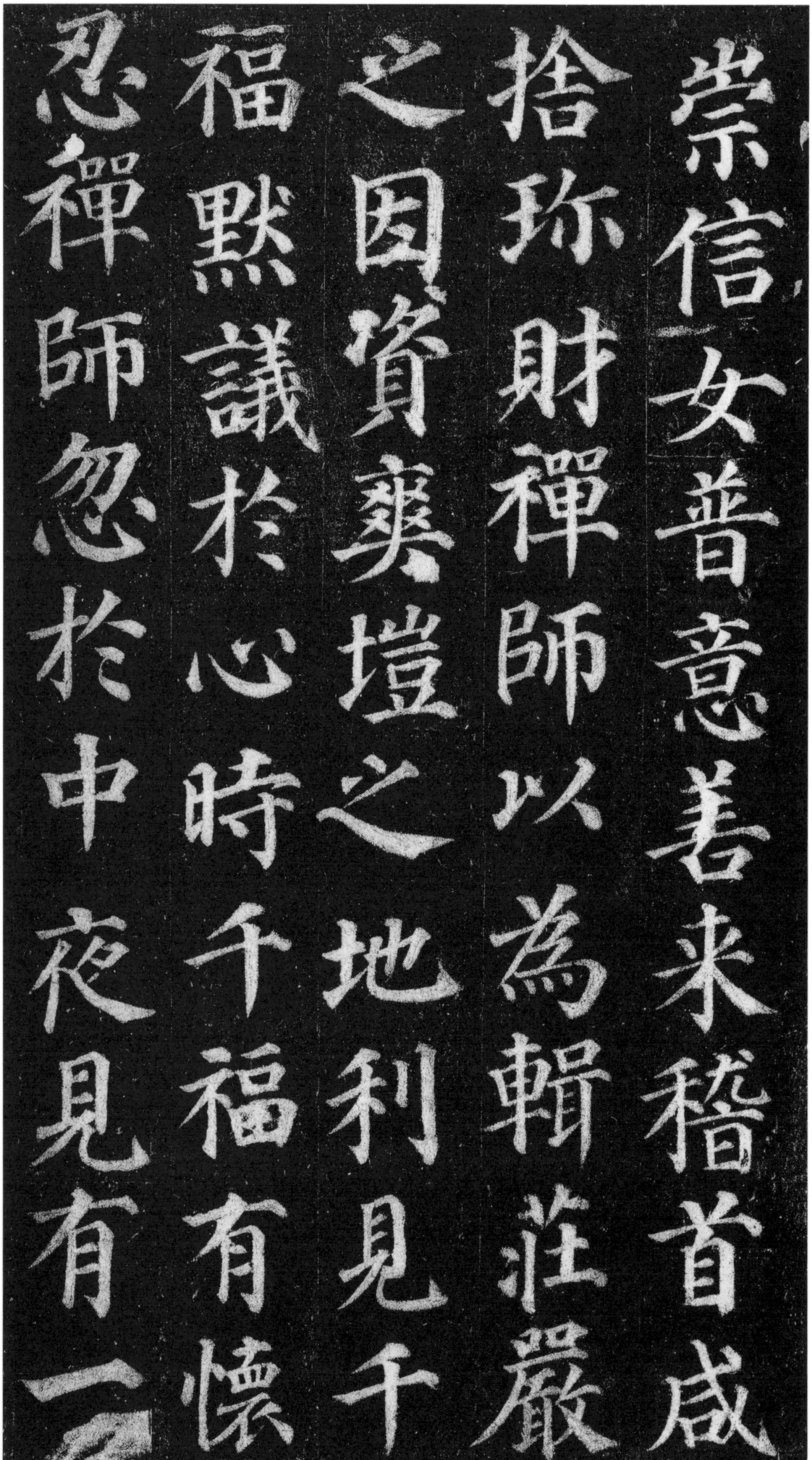
崇信女普意善來稽首咸
捨珍財禪師以為輯莊嚴
之因資爽塏之地利見千
福默議於心時千福有懷
忍禪師忽於中夜見有一

崇信女普意善来稽首咸　舍珍财禅师以为辑庄严　之因资爽垲之地利见千　福默议于心时千福有怀　忍禅师忽于中夜见有一

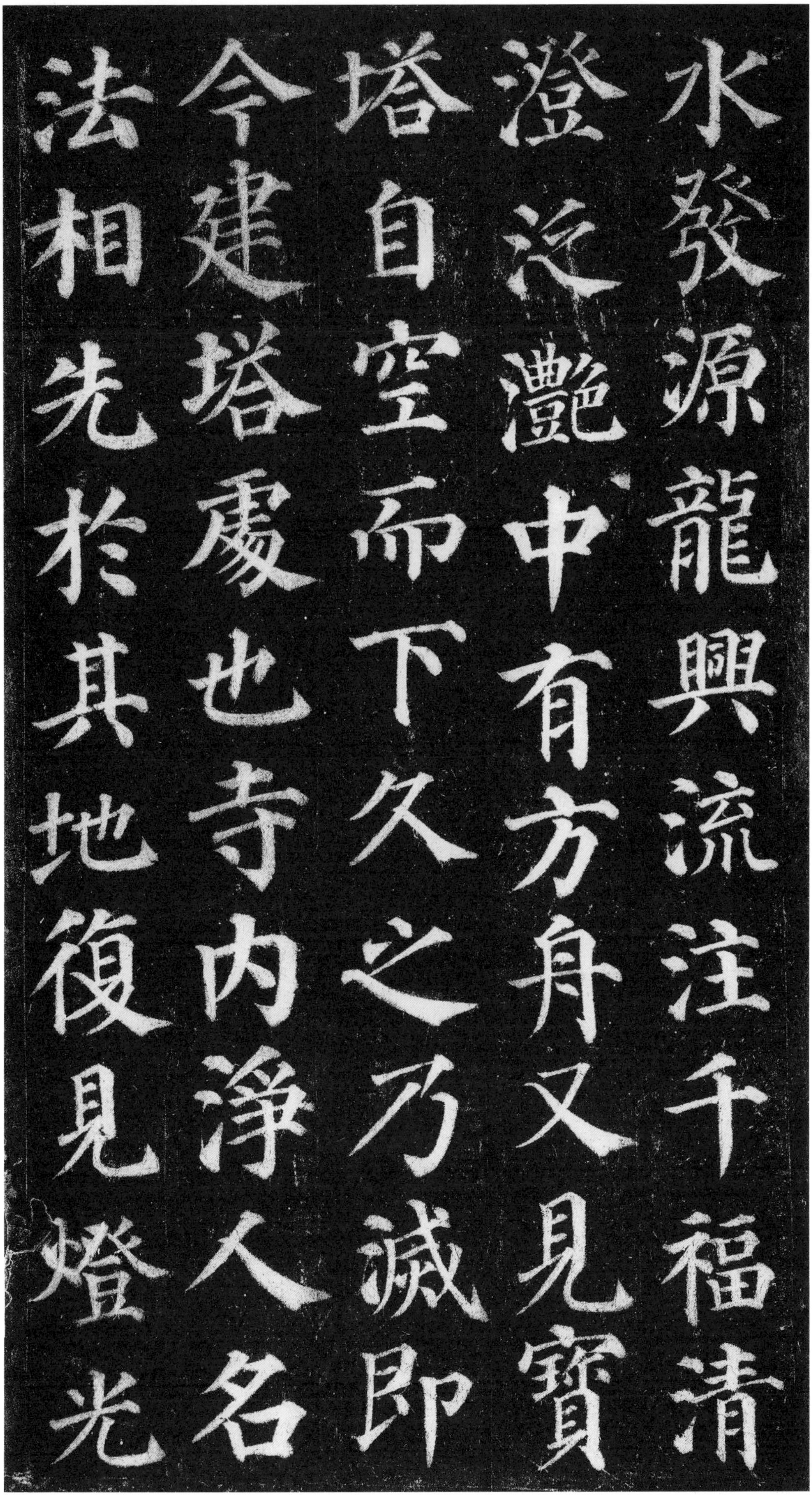
水發源龍興流注千福清
澄泛灩中有方舟又見寶
塔自空而下久之乃滅即
今建塔處也寺內淨人名
法相先於其地復見燈光

水发源龙兴流注千福清　澄泛滟中有方舟又见宝　塔自空而下久之乃灭即　今建塔处也寺内净人名　法相先于其地复见灯光

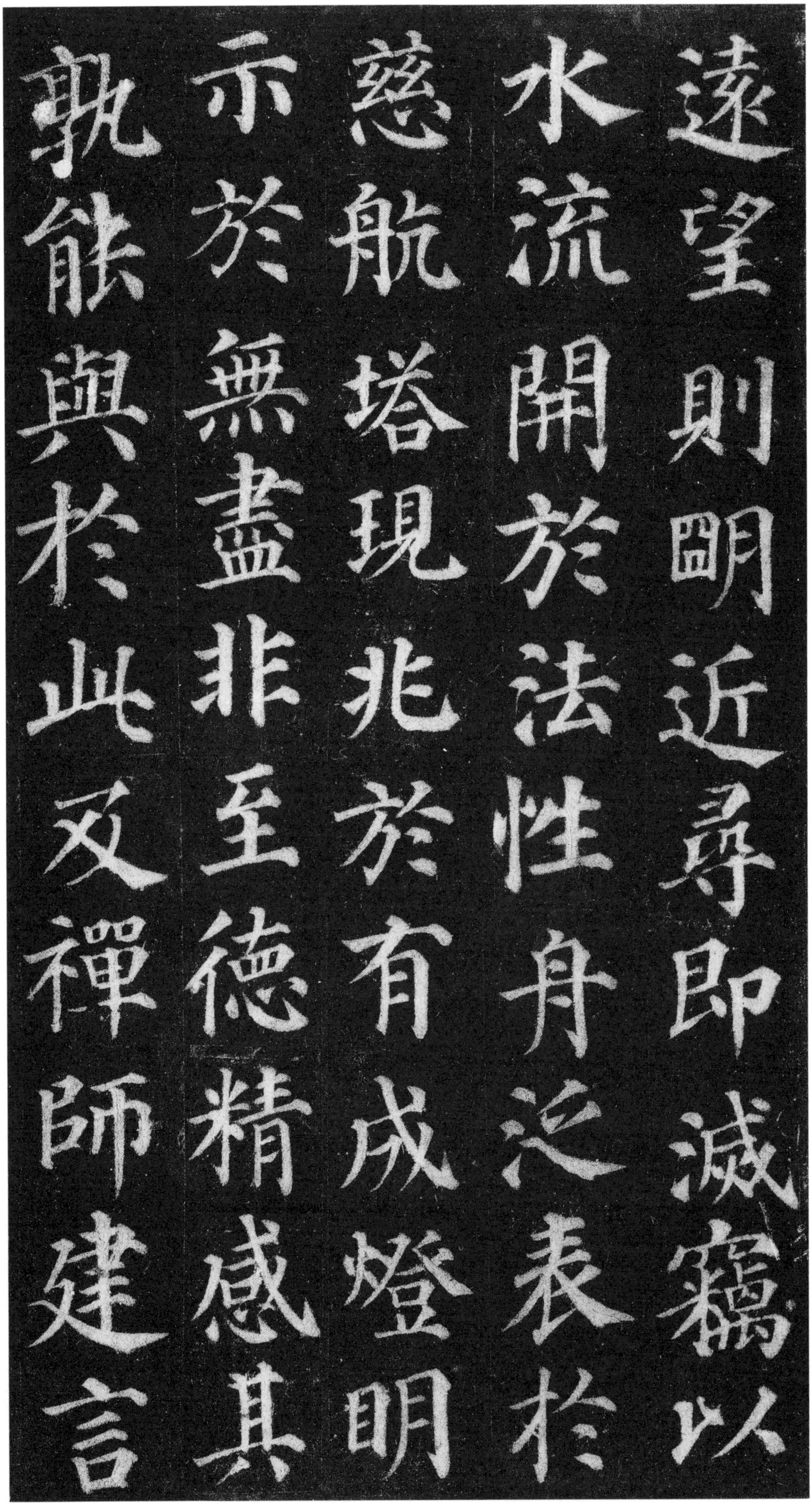
遠望則朙近尋即滅竊以
水流開於法性舟泛表於
慈航塔現兆於有成燈明
示於無盡非至德精感其
孰能與於此及禪師建言

远望则明近寻即灭窃以　水流开于法性舟泛表于　慈航塔现兆于有成灯明　示于无尽非至德精感其　孰能与于此及禅师建言

雜然歡愜負畚荷插于橐
于囊登登憑憑是板是築
灑以香水隱以金鎚我能
竭誠工乃用壯禪師每夜
於築階所懇志誦經勵精

杂然欢惬负畚荷插于橐　于囊登登凭凭是板是筑　洒以香水隐以金锤我能　竭诚工乃用壮禅师每夜　于筑阶所恳志诵经励精

行道衆聞天樂咸嗅異香
喜歎之音聖凡相半至天
寶元載創構材木肇安相
輪禪師理會佛心感通
帝夢七月十三日勅内

行道众闻天乐咸嗅异香　喜叹之音圣凡相半至天　宝元载创构材木肇安相　轮禅师理会佛心感通　帝梦七月十三日敕内

侍趙思偘求諸寶坊驗以
所夢入寺見塔禮問禪師
聖夢有孚法名惟肖其日
賜錢五十萬絹千匹助建
修也則知精一之行雖先

侍赵思偘求诸宝坊验以　所梦入寺见塔礼问禅师　圣梦有孚法名惟肖其日　赐钱五十万绢千匹助建　修也则知精一之行虽先

天而不違純如之心當後
佛之授記昔漢明永平之
日大化初流我皇天寶
之年寶塔斯建同符千古
昭有烈光於時道俗景附

天而不违纯如之心当后
佛之授记昔汉明永平之
日大化初流我皇天宝
之年宝塔斯建同符千古
昭有烈光于时道俗景附

檀施山積庀徒度財功百

其倍矣至二載勅中使

楊順景宣 旨令禪師於

花萼樓下迎多寶塔額遂

揔僧事備法儀 宸睠俯

檀施山积庀徒度财功百　其倍矣至二载敕中使　杨顺景宣旨令禅师于　花萼楼下迎多宝塔额遂　总僧事备法仪宸眷俯

临额书下降又赐绢百匹　圣札飞毫动云龙之气象　天文挂塔驻日月之光辉　至四载塔事将就表请庆　斋归功帝力时僧道四

部会逾万人有五色云团　辅塔顶众尽瞻睹莫不崩　悦大哉观佛之光利用宾　于法王禅师谓同学曰鹏　运沧溟非云罗之可顿心

游寂灭岂爱纲（网）之能加精　进法门菩萨以自强不息　本期同行复遂宿心凿井　见泥去水不远钻木未热　得火何阶凡我七僧聿怀

一志晝夜塔下誦持法華
香煙不斷經聲遞續炯以
為常沒身不替自三載每
春秋二時集同行大德四
十九人行法華三昧尋奉

一志昼夜塔下诵持法华　香烟不断经声递续炯以　为常没身不替自三载每　春秋二时集同行大德四　十九人行法华三昧寻奉

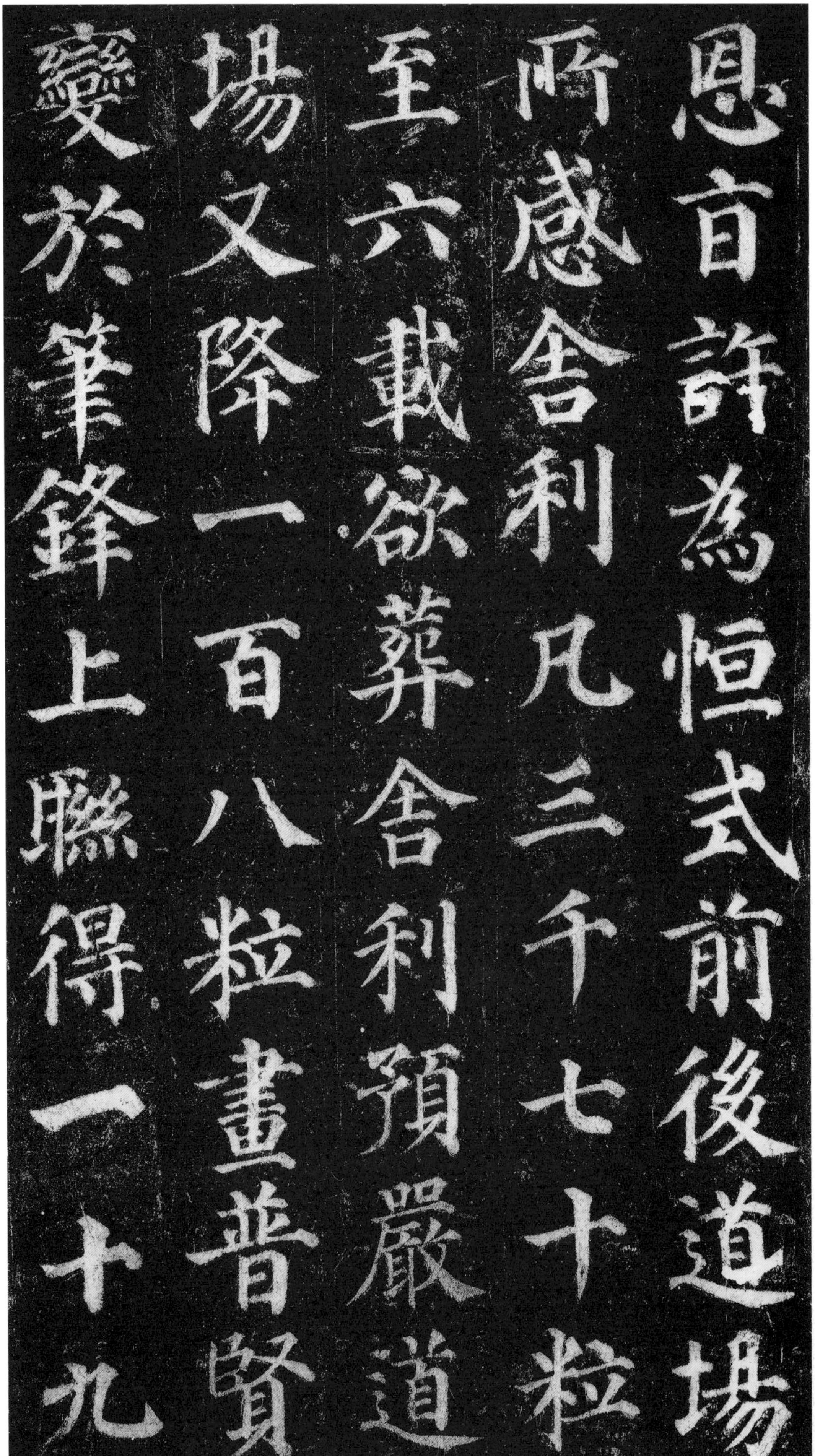
恩旨許為恒式前後道場
所感舍利凡三千七十粒
至六載欲葬舍利預嚴道
場又降一百八粒畫普賢
變於筆鋒上聯得一十九

恩旨许为恒式前后道场　所感舍利凡三千七十粒　至六载欲葬舍利预严道　场又降一百八粒画普贤　变于笔锋上联得一十九

粒莫不圓體自動浮光瑩
然禪師無我觀身了空求
法先剌血寫法華經一部
菩薩戒一卷觀普賢行經
一卷乃取舍利三千粒盛

粒莫不圆体自动浮光莹　然禅师无我观身了空求　法先刺血写法华经一部　菩萨戒一卷观普贤行经　一卷乃取舍利三千粒盛

以石函兼造自身石影跪
而戴之同置塔下表至敬
也使夫舟遷夜壑無變度
門劫算墨塵永垂貞範又
奉為主上及蒼生寫妙

以石函兼造自身石影跪　而戴之同置塔下表至敬　也使夫舟迁夜壑无变度　门劫算墨尘永垂贞范又　奉为主上及苍生写妙

法莲华经一千部金字三　十六部用镇宝塔又写一　千部散施受持灵应既多　具如本传其载敕内侍　吴怀实赐金铜香炉高一

丈五尺奉表陳謝手詔批
云師弘濟之願感達人天
莊嚴之心義成因果則法
施財施信所宜先也主
上握至道之靈符受如來

丈五尺奉表陈谢手诏批　云师弘济之愿感达人天　庄严之心义成因果则法　施财施信所宜先也主　上握至道之灵符受如来

之法印非禪師大慧超悟
無以感於宸衷非主
上至聖文明無以鑒於誠
願倬彼寶塔為章梵宮經
始之功真僧是葺克成之

之法印非禅师大慧超悟　无以感于宸衷非主　上至圣文明无以鉴于诚　愿倬彼宝塔为章梵宫经　始之功真僧是葺克成之

業聖主斯崇爾其為狀
也則岳聳蓮披雲垂蓋偃
下欻崛以踴地上亭盈而
媚空中晻晻其靜深旁赫
赫以弘敞礌磩承陛琅玕

业圣主斯崇尔其为状
也则岳耸莲披云垂盖偃
下欻崛以踊地上亭盈而
媚空中晻晻其静深旁赫
赫以弘敞礌磩承陛琅玕

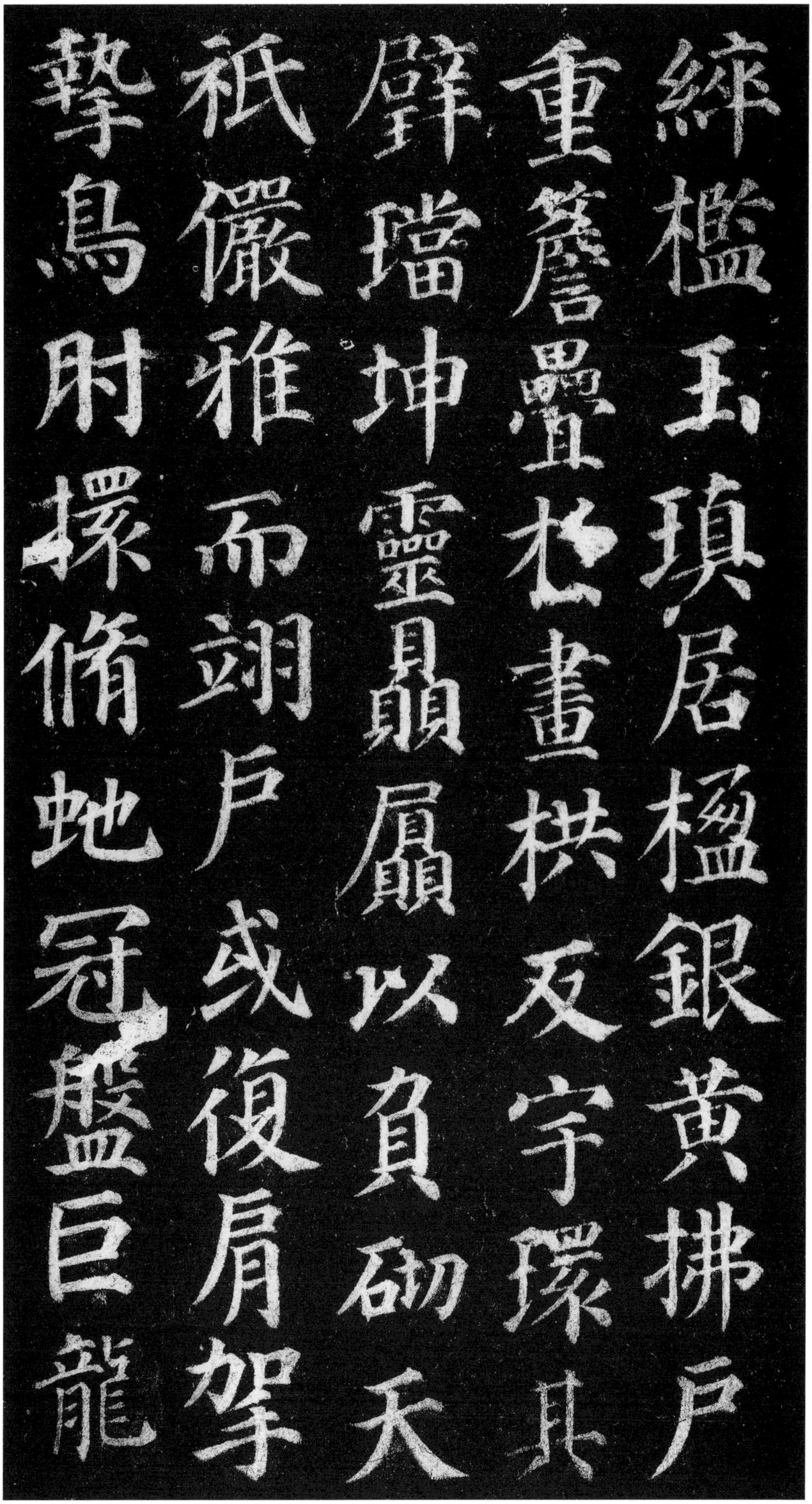

綷槛玉瑱居楹银黄拂户　重檐叠于画栱反宇环其　璧珰坤灵赑屃以负砌天　祇俨雅而翊户或复肩挐　挚鸟肘擐修蛇冠盘巨龙

帽抱猛獸勃如戰色有奭
其容窮繪事之筆精選朝
英之偈賛若乃開扃鐍窺
奥祕二尊分座疑對鷲山
千帙發題若觀龍藏金碧

帽抱猛兽勃如战色有奭　其容穷绘事之笔精选朝　英之偈赞若乃开扃鐍窥　奥秘二尊分座疑对鹫山　千帙发题若观龙藏金碧

炅晃環珮葳蕤至於列三
乘分八部聖徒翕習佛事
森羅方寸千名盈尺萬象
大身現小廣座能卑須弥
之容欻入芥子寶盖之狀

炅晃环佩葳蕤至于列三　乘分八部圣徒翕习佛事　森罗方寸千名盈尺万象　大身现小广座能卑须弥　之容欻入芥子宝盖之状

顿覆三千昔衡岳思大禅　师以法华三昧传悟天台　智者尔来寂寥罕契真要　法不可以久废生我禅师　克嗣其业继明二祖相望

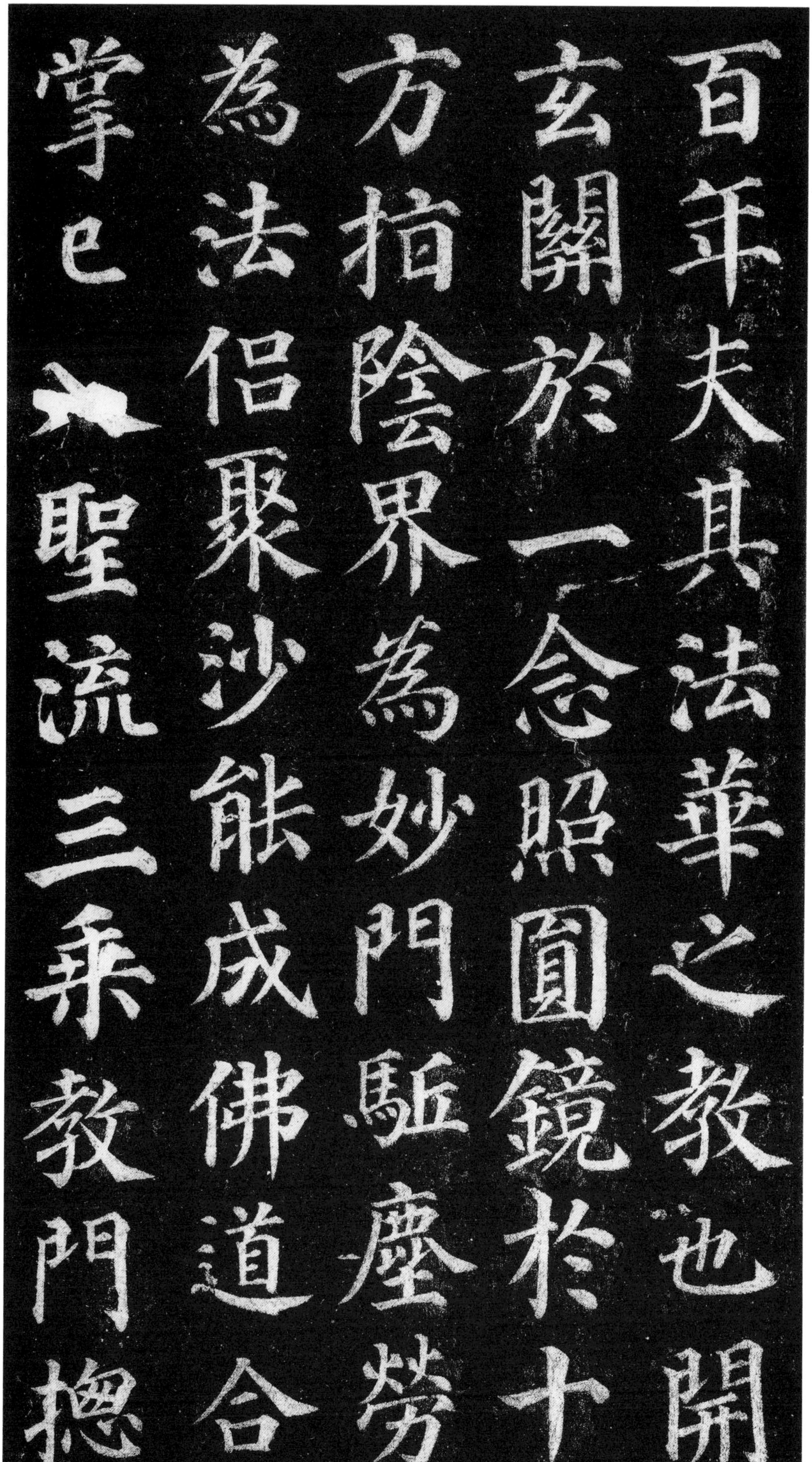
百年夫其法華之教也開
玄關於一念照圓鏡於十
方指陰界為妙門驅塵勞
為法侶聚沙能成佛道合
掌巳[illegible]聖流三乘教門揔

百年夫其法华之教也开　玄关于一念照圆镜于十　方指阴界为妙门驱尘劳　为法侣聚沙能成佛道合　掌已入圣流三乘教门总

而歸一八萬法藏我為最
雄譬猶滿月麗天螢光列
宿山王映海蟻垤羣峯嗟
乎三界之沉寐久矣佛以
法華為木鐸惟我禪師超

而归一八万法藏我为最
雄譬犹满月丽天萤光列
宿山王映海蚁垤群峰嗟
乎三界之沉寐久矣佛以
法华为木铎惟我禅师超

然深悟其皃也岳瀆之秀
冰雪之姿果脣貝齒蓮目
月面望之厲即之温覩相
未言而降伏之心已過半
矣同行禪師抱玉飛錫襲

然深悟其貌也岳渎之秀　冰雪之姿果唇贝齿莲目　月面望之厉即之温睹相　未言而降伏之心已过半　矣同行禅师抱玉飞锡袭

衡台之秘躅傳止觀之精
義或名高　帝選或行密
衆師共弘開示之宗盡契
圓常之理門人苾蒭如巖
靈悟淨真真空法濟等以

衡台之秘躅传止观之精　义或名高帝选或行密　众师共弘开示之宗尽契　圆常之理门人苾蒭如岩　灵悟净真真空法济等以

定慧為文質以戒忍為剛
柔含朴玉之光輝等旃檀
之圍繞夫發行者因因圓
則福廣起因者相相遺則
慧深求無為於有為通解

定慧为文质以戒忍为刚　柔含朴玉之光辉等旃檀　之围绕夫发行者因因圆　则福广起因者相相遗则　慧深求无为于有为通解

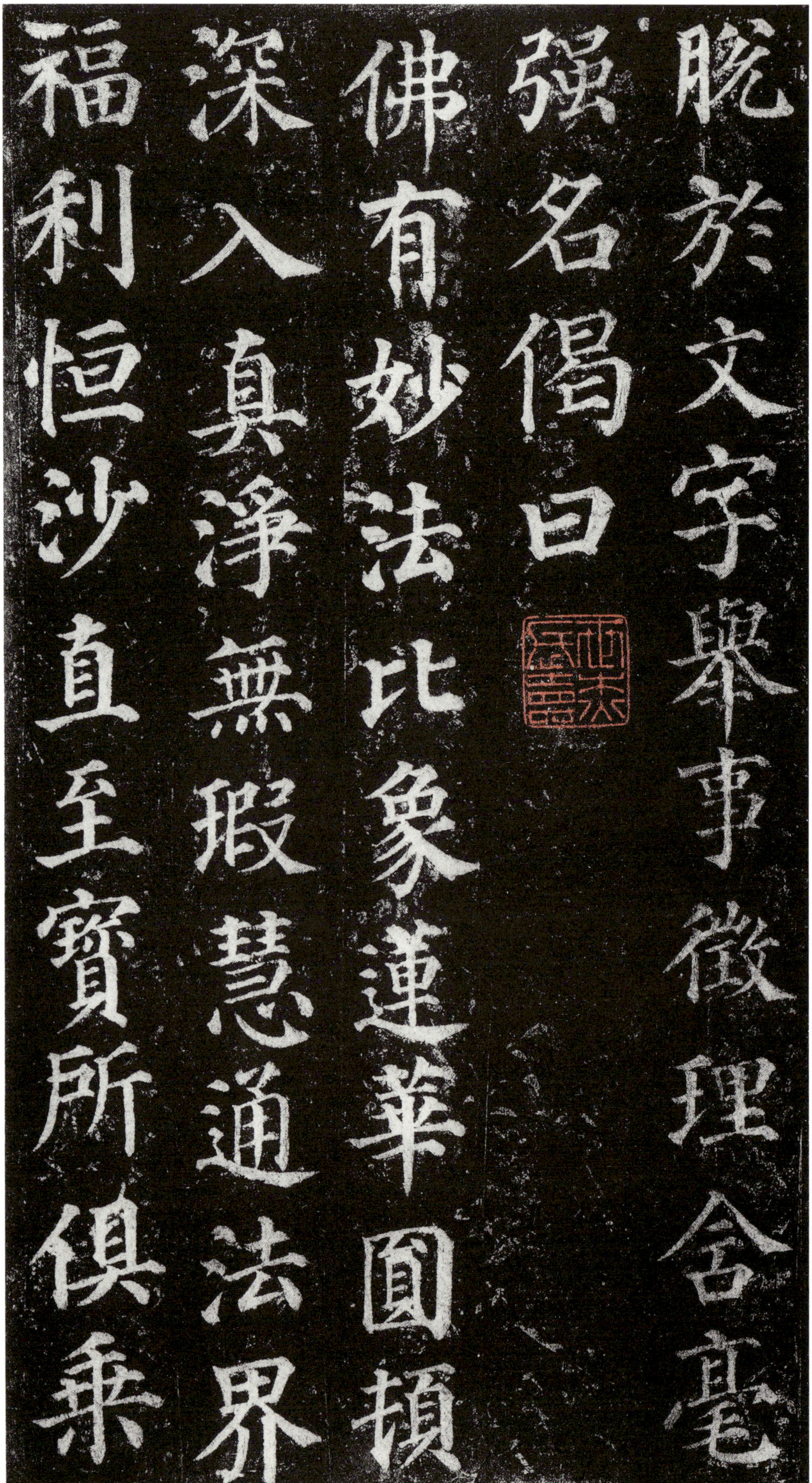

脱于文字举事征理含毫　强名偈曰　佛有妙法比象莲华圆顿　深入真净无瑕慧通法界　福利恒沙直至宝所俱乘

大車其一於戲上士發行正
勤緬想寶塔思弘勝因圓
階已就層覆初陳乃昭
帝夢福應天人其二輪奐斯
崇為章淨域真僧草創

大车其一于戏上士发行正
勤缅想宝塔思弘胜因圆
阶已就层覆初陈乃昭
帝梦福应天人其二轮奂斯
崇为章净域真僧草创

聖主增飾中座眈眈飛簷
翼翼薦臻靈感歸我帝
力三其念彼後學心滯迷封
昏衢未曉中道難逢常驚
夜杌還懼真龍不有禪伯

圣主增饰中座眈眈飞檐

翼翼荐臻灵感归我帝

力其三念彼后学心滞迷封

昏衢未晓中道难逢常惊

夜杌还惧真龙不有禅伯

誰明大宗其四大海吞流崇
山納壤教門稱頓慈力能
廣功起聚沙德成合掌開
佛知見法為無上其五情塵
雖雜性海無漏定養聖胎

谁明大宗其四大海吞流崇　山纳壤教门称顿慈力能　广功起聚沙德成合掌开　佛知见法为无上其五情尘　虽杂性海无漏定养圣胎

染生迷㲉斷常起縛空色

同謬薝蔔現前餘香何嗅

其六彤彤法宇緊我四依事

該理暢玉粹金輝慧鏡無

垢慈燈照微空王可託本

染生迷彀断常起缚空色　同谬薝蔔现前余香何嗅　其六彤彤法宇紧我四依事　该理畅玉粹金辉慧镜无　垢慈灯照微空王可托本

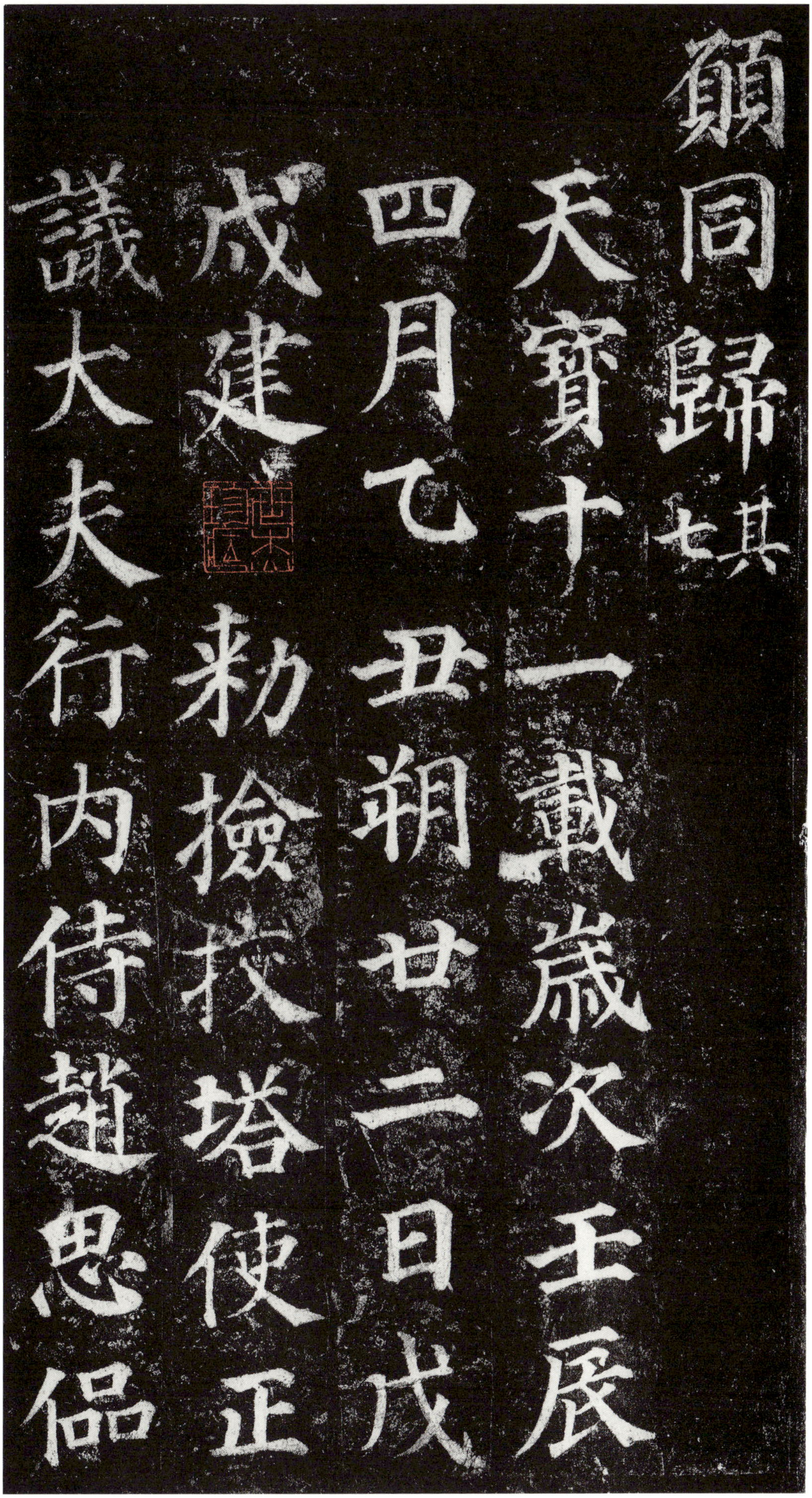
願同歸其七
天寶十一載歲次壬辰
四月乙丑朔廿二日戊
戊建勅撿挍塔使正
議大夫行內侍趙思偘

愿同归其七　天宝十一载岁次壬辰　四月乙丑朔廿二日戊　戊建敕捡校塔使正　议大夫行内侍赵思偘

判官内府丞车冲　捡挍僧义方　河南史华刻